노자 (『도덕경』)
도와 덕이 회복된 세상의 꿈

유세웅

글의 차례

▸ 본 책은 '나눔글꼴'을 사용하였음

세상의 도와 덕이 온전穩全하기를 바라며

지금도 그런지 모르지만, 오래전에 『노자老子』(『도덕경』)가 하버드대학교의 권장 필독서라고 소개된 때가 있었던 걸로 기억한다. 노벨상의 수상자 중에는 『노자』와 『주역周易』에서 영감을 받은 이도 있었다고 한다. 미국인도 읽고 활용하는 『노자』가 왜 우리 대중에게 어려울까? 우리의 동양적 선입관 탓일까? 『도덕경』은 『성서聖書』 다음으로 많이 읽혔을 거라고 한다. 노자와 장자莊子로 대표되는 도가道家의 사상은 2천여 년이 넘는 긴 생명력을 가지고 있다. 현대 인간의 현실적 삶과는 관점이 다를 수 있으나 그 사상에 일부라도 인류를 매혹시키는 사유가 있을 것이라고 생각해 본다.

강신주 교수는 『노자』에 대한 오해가 있다고 본다. 노자의 '국가 논리'가 심오한 '형이상학 논리'로 과도하게 해석되었다는 것이다. 노자는 이 세계를 도에 의해 설명하고자 했던 사변적 형이상학자가 아니고 국가 논리인 '통치자와 피통치자 사이의 교환의 논리'를 발견한 것이며 이것이 바로 『노자』 전체를 관통하는 원점이자 영점이라고 한다.(*『강신주의 노자 혹은 장자』) 그는 『한서漢書』 「예문지藝文志」를 인용하여, '도가학파의 대부분이 역사관 출신으로 성공과 실패 (…) 에 대한 과거와 현재의 (…) 요점을 파악하고 근본을 잡을 줄 알게 되었다'고 소개한다. 『노자』의 내용은, 확실히 강신주의 주장을 부정하기 어렵거나, 이석명의 의견처럼 '기본적인 정치철학서(놓아둠과 기다림의)'의 측면이 강하다.(*『노자』) 그처럼 『노자』는 군주에 대한 통치 철학이라는 특징과 도에 관한 정신적인 부분을 걸쳐있는 것 같다.

그러나 통치자의 처신뿐 아니라 보통의 사람에게도 해당하는 교훈일 수도 있다고 생각하며, (강신주는 통치자와 피통치자 모두에게 적용되는 수양론이 아니라 통치자를 위해서 제안된 특수한 수양론이라고 하지만) 철학자들의 연구 논리와 다른 방향에서,

'왜 이 책을 읽어보는가?'부터 이야기해 보고 싶다. 또한 국가 지도자가 노자의 권고(그러기에는 당대나 지금이나 현실적 적응성이 의심스럽고 이상적인 측면도 매우 강하므로 어차피 세상 어느 지도자도 그처럼 행하지 않을 것이다. 그런데도 군주를 위한 정치 논리뿐일까?)를 조금이라도 현실 정치에 반영하는 노력을 해주기를 바라고 있기도 하다.

첫째, 도가(강신주는 장자가 단독적인 개체와 삶의 철학자라면, 노자는 군주와 국가의 철학자로서 전혀 다르다고 한다.)의 사상은 특수 계층(부와 권력을 가진)뿐 아니라 대중에게도 오히려 지극히 현실적인 삶의 태도에 대한 간곡한 충고라고 믿기 때문이다. 노자가 치세에 대한 강력한 주장을 펼쳤지만, 그것은 백성의 생명과 삶을 위한, 군주에 대한 단호한 경고였다. 다수 인류의 공존과 행복을 말하지 않는 현대의 어떤 정치철학보다 궁극적이다.

둘째, 한 인간으로서 생각해 본다. 탁월한 능력을 갖춘 것도 아니기에 삶이 획기적으로 전환을 맞는다는 것이 매우 이상한 일인 내게(아마 비슷한 다수 민중에게도) 육체적이고 물리적인 현실의 삶에 지나치게 매달릴 이유가 없다는 가르침은 숨 쉴 틈을 주는 것 같다. 이 지구상에서 인간의 삶은 일부 특수인들 만을 위한 그들만의 것이 아니다. 우여곡절을 겪더라도 누구든 안정되게 살고 싶은 것이다.

셋째, 인간 삶의 궁극에 대하여 생각해 본다. 잘 살아남는 경우 70~90여 년의 수명 기간에 목숨을 유지하고(또는 물질적 풍요를 경험하는) 삶을 누리고 살아온 것으로 충분할까? 대부분 자기 인생에서 고통의 순간과 어두운 구석은 있다. 인생을 다시 살아보라고 한다면 돌아갈 사람이 많을까? 겨우 수십 년의 안락을 위하여? 아마 그렇지 못하기에 다수 인류가 죽음 이후의 세상을 염두에 두고 있다. 그 지극한 경지(차원)의 세계는 거의 모든 종교와 선각자들이 말하는 공통점이 있다. 도道 역시 마찬가지다.

도가에 대한 왜곡은 신선술과 미신으로 타락시킨 것이라는 허균의 비판과, 하안·왕필 등 현학가, 유가의 관점들이 섞여 저항적 민중성을 탈색시킨 것이라는 주장(*기세춘 인용)에 일부 공감한다. 나 역시 '도'에 관한 사상이 뜬구름 잡는 허황된 논지가 아니라고 믿고 있다. 오히려 상당히 현실적이며, 현대에도 수용할 수 있는 사유로써 과학적인 탐구를 바탕으로 한다고 생각한다. '도와 덕'이 현실의 인간 삶과 직접적으로 연관이 없다는 것도 모순이다.

노자의 주장처럼 '도와 덕'의 회복을 지향하며 모든 생명에 대한 긍정적인 수용과 공존을 도모하는 것이 지구상에서 인간이 가야 할 궁극적인 길(도)이기도 할 것이다. 신의 경지라거나 인세와 무관한 영역이라면 애초에 논의 자체가 불필요한 것이며 우리에게 아무런 의미도 없다. 노자는 도와 덕을 말하면서 치세의 욕심을 강하게 드러내고 냉정한 통치 이념을 가졌던 사람이라는 평가가 있다. 그러나 득도하였다고

(또는 구도자라 하여도) 세상과 내가 별개로 분리되어 삶의 환경·세속의 영향에 무관해지는 것은 아닐 것이다. 군주에 대한 통치 철학이기에 저평가되어야 하는 것일까?

피치 못하게 자신이 속하게 되어 벗어날 수 없는 현실의 인간 세상이 도와 덕이 온전히 실현된 환경이면 지극히 이상적일 것이다. 세상이 바뀌려면 그런 이상성을 지향할 추동력을 행사할 힘을 가진 자(군주 등)가 먼저 올바른 자여야 한다. 노자는 군주에 대한 자기 생각을 밝힐 뿐이다. 그것이 사욕私慾인가? 우리도 정의로운 세상과 바른 정치에 대한 의견을 말하잖는가. 그것이 정권을 쥐고 뜻대로 행사해 보려는 욕심만은 아닐 것이다. 나와 내 자손이 살아갈 세상에 대한 정상적인 바람인 것이다.

『노자』가 군주의 통치 논리라는 것과 다르게, 민중적이라거나 혁명적 또는 반체제적이라는 평가(군주에 대한 경고적인 측면에서는 그럴 수 있을 것이다.)도 있다. 이 용어들은 사회 기득권(지배층)과 피지배층 간의 투쟁 관련한 오해를 받는다. 누군가는 의도적으로 그런 채색을 한다. 인간 세상이 정의롭고 평화롭게 공존하며 바른 방향을 위해 미래를 꿈꾸어야 하는 것이 잘못인가? (오히려 공자가 예禮에 대해 물었을 때 노자의 충고는 교만, 꾸미는 태도, 지나친 욕심을 버리라는 것이었다. *사기史記의 이 구절에 대해 김충렬은 '세상을 구제하겠다는 욕심을 벗어날 것을 권한 것'이라 한다.)

대부분의 사태에서 정의롭지 못한, 도와 덕이 오염된 세상을 살면서 노자의 바람과 의지를 나는 이해할 것 같다. 노자에게서 부분적으로는 마키아벨리를 느낀다. 마키아벨리는 흔히 오해하는 것처럼 냉혹한 술수가가 아니다. 바람 앞의 등불 같은 위태로운 모국을 진심으로 걱정하여 차라리 과감한(국가의 안정을 위해서 술책을 쓰더라도 무능한 것보다는 나을 것이라는 생각에) 정치가 펼쳐지기를 바랐다. 내부의 혼란으로 흔들리는 정국에 강력한 구심점을 바랄 수 있지 않은가? 세상이 혼란하고 정치가 혐오스럽다고 기피하며 개개인과 분리되어선 안 된다. 나와 내 후손의 생존이 영향을 받는데 바뀌지 않는 상황에 대한 자포자기의 심정으로, 신상의 위험을 핑계로 외면한단 말인가? 적극적으로 뜻을 피력해야 한다.

노자는 당당히 요구하고 있다. 노자의 현실에 대한 주장은 매우 적극적이면서 섬세하다. 노자와 장자의 사상을 다시 곱씹어볼수록 인간적이고 순수하며 소탈한 모습, 생명과 인간 삶에 대한 안타까움과 따뜻한 배려를 느낀다. 도와 덕이 회복되는 인간의 세상은 단지 꿈일 뿐인가?

노자라는 사람과 『노자』라는 책

노자老子는 『노자』를 지은 이의 존칭(어르신 선생님이라고 할 수 있겠다.)이며 『노자』는 그 책의 이름이다. 우리에게 더 익숙한 『도덕경』이라는 이름은 그 주제가 도와 덕에 중점을 두고 있기에 한漢나라 때 붙여진 것이라 한다.

사마천의 『사기史記』, 「노자열전老子列傳」(「노장신한열전老莊申韓列傳」의 앞부분. *김충렬은 현실 정치 철학인 법가法家의 신불해, 한비자와 함께 다루고 있음에 주목한다.)에 의하면 노자의 성은 이李고 이름은 이耳며 자字는 담聃이다. 성이 원래 노老 씨였을 거라는 주장도 있다고 한다. (당나라 왕조에서 이 씨의 시조로 추인하였다고 한다. 이름과 자가 귀에 관한 글자이기에 귀 형태에 어떤 특징이 있었던 것일까? 귀가 길게 늘어져 있었다는 전설이 있다고 한다. *이석명)

춘추시대(기원전 770년경~기원전 403년경) 말기 초楚나라 사람이며 주周나라에서 사서를 관장하는 관리였다고도 한다. 생애 기간도 명확하지 않다. (대체로 춘추 중기인 기원전 570년경~전국 초기인 기원전 470년경으로 추정. *김충렬)

『노자』를 누가 지었는가는 논란이 많다. 사마천이 거론한 노담, 초나라의 노래자老萊子 또는 주나라의 태사太史 담儋이라는 설들이 있으나 어찌 되었건 노담의 주요 사상이라는 것을 대체로 따른다고 한다.(*이강수, 『노자와 장자』) 공자가 노자를 만나러 갔었다는 이야기가 있고 생애 시기가 맞지 않다는 반론이 있는가 하면 만났을 수도 있겠다는 주장도 있다. 『장자』에도 노담과 공자의 대화가 있다. 어쨌건 우리는 노자라는 실존, 『노자』의 작자에 대해 명확히 알지 못한다는 의미가 숨어 있다.

『노자』의 작성 시기에 대한 논란 또한 있었다. 1972년 중국 후난성 마왕퇴馬王堆라는 곳의 무덤(무덤의 주인은 한漢 초기 장사국長沙國의 승상이며 장사국에 속한 대軑라는 작은 나라의 제후인 이창利倉

의 아들이라고 한다. 무덤은 한 문제文帝 때인 기원전 168년에 조성된 것이다.)에서 비단 등에 쓰여진 여러 진귀한 문헌들이 발견되었는데 그중에 '노자 백서帛書(하얀 비단)본'이라고 칭하는 것(전체가 아닌 일부만 있었음)도 있었다. 여기에서는 덕德편이 먼저 나오고 도道편이 뒷부분에 있다. 당시에는 인간 세상의 덕이라는 개념이 자연 전체의 법칙인 도에 앞섰을 거라는 주장이 있었다.(*임형석, 『중국 간독시대, 물질과 사상이 만나다』) 그러나 도가 덕으로 전개되는 것이므로 도 → 덕의 순順이 타당하다는 의견도 있다.

또, 1993년에 후베이성 곽점郭店이라는 곳에서 발견된 죽간본 등과 함께 내용·매장·상황 등을 참고하여 적어도 기원전 4세기 이전(춘추 말~전국 초의 시기 정도)에 『노자』가 작성된 것으로 본다고 한다.(*이강수) 노자가 주나라 말기의 혼란스러운 국정 상황에서 관직을 그만두고 함곡관函谷關을 통해 어디론가 떠났는데 (일부 평가처럼 정치에 의욕이 강했다면 이렇게 떠나버렸을까? 어지러운 세상을 기회로 삼기보다는 정치라는 것에 환멸을 느꼈기에 그랬던 것 아닐까?) 윤희尹喜라는 관문지기가 가르침을 부탁하기에 5천여 자로 된 글로 써서 전했다고 하지만 그런 사실도 의심스럽다는 의견도 있다.

오늘날 우리가 주로 보는 판본은 후한後漢 멸망(220년) 이후인 중국 삼국시대 위魏나라의 왕필王弼본과, 한나라(漢代)의 하상공河上公본(기원전 202~기원전 157의 전한前漢시대 문제文帝때의 인물로 추정. 그의 이름은 불명하여 사는 곳에 따른 존칭을 붙인 것이라고 한다.) 『노자도덕경』이다. 현재에 전해지는 『왕필본노자』는 16세기의 판본이다. 그래서 전해오는 기간에 변질되었을지 모른다는 점이 논란을 부추긴 바도 있다. 『노자』는 도경 37장, 덕경 44장으로 총 81장, 5천여 자(글자 수는 판본 등에 따라서 다르다.)로 구성되어 있다. (*백서본은 장과 절의 구분이 거의 없다고 한다. 추가로 최진석 교수, 이석명의 각 판본의 배경, 글자의 차이에 대한 상세한 설명도 의미 있게 참고할 수 있다.)

왕필(226~249년)은 삼국시대 위나라의 관리였는데 그의 주석(『주역』을 포함)에 논란이 많다. 마치 사도 바울이 예수의 가르침을 자기 생각을 반영하여 편집했다는 주장과 비슷하지 않을까 생각해 본다. 그러나 발굴된 문헌 등과 여타 문헌에서 거론된 것들이 왕필본을 그나마 신뢰하게 만들고 있다는 평가다. 왕필도 노자가 아닌바 우리의 문제는 도와 덕이라는 부분의 실체를 놓치면 안 된다는 것을 유념하고 싶다. 도(또는 우주, 천지 만물의 근원)라는 미지의 경지에 대한 주장이라고 해도 언제까지나 이해가 되지 않는 허무맹랑한 이야기라면 그 의미가 없을 것이다. 2천여 년을 쌓아온 현대의 지식 바탕 하에서 우리에게 수용되어야 한다는 점이 중요할 것 같다.

이 책 나름의 글쓰기 기준에 대하여

여러 『노자』 해설을 읽어보면, 그 뜻이 무엇일까를 다시 고심하게 된다. 핵심적 주제인 도와 덕이라는 것이 심상치 않은 현묘한 실체이며 이를 글로 설명한다는 것 자체가 무리한 것일 수 있다. 하지만 이미 2천여 년 전에 노자는 그것에 대한 글을 남겼다. 그 시대에는 세상의 수용 여부와 동떨어진 터무니 없는 사상이 아니었을지도 모른다. 또는 암담한 현실의 탈출구로서 바른 정치에 대한 기대치와 이상적인 희망이 반영되었을 수도 있다. 일부 오해로 중국의 민속 종교인 도교는 노자를 교조로 추앙하기도 하였으니 말이다.

긴 세월을 건너오며 지금까지 노자의 사상에 대한 무수한 논의와 주장이 있었지만 정말 그가 말하는 것이 형이상학적 도였던 것인가? 또는 군주의 통치 철학을 후학들이 과도하게 심오한 형이상학으로 추앙한 것인가? 그래서 장자와 '도가'라는 묶음 자체가 불합리한 것인가?(*강신주) 『노자』를 고심하게 만드는 상황은 여전하다. 우리는 노자가 말하는 의미를 잘 이해하고 싶지만 아직도 부족하다고 느낀다. 2천여 년 이전의 노자와 현대의 우리가 소통하기는 쉽지 않을 것이다. 뜻이 잘 이어지지 않는 것은 당대와 현대의 인식 수준의 다른 점, 한자漢字의 시차에 따른 의미가 다를 수 있다는 것도 클 것이다. (또한 후학들의 자의적 의견 삽입 등도 있었을 것이다.) 그렇다고 표현된 한자·한문의 원래 의미를 무시하고 임의로 해석할 수는 없다는 것이 이해에 더욱 어려운 사유가 되고 있다고 생각한다.

도라는 궁극의 추상적 실체에 대한 명확한 실감이 없다는 것에 의해서도 해석이 서로 다르다. 누가 옳다 그르다 하기 어렵다. 아무도 정확히(말로도 전하기 어려운 것을) 모르는 것이므로 모호할 수 있다. 그래서 엉뚱한 해석으로 대중에게 민폐를 끼치기도 하는 반면에, 곱씹어 사유하게 만드는 의미도 있다. (최진석은 노자의 원래 음성을 듣고자 한다고 하였다. 그 말에 동의하게 된다. *『노자의 목소리로 듣는 도덕경』) 도에 대통하지는 못할지라도 그 실마리는 최대한 느껴봐야 한다. 유한한 인생에서 그것이 의미가 있을 것이라 믿어본다. 도가에서 제시하는 도라는 개념은 어떤 절대적 창조의 주체(인간이 믿는 인격 유사한 신과 같은 초월적 행위 능력의 주재자)가 아니다. 현대의 천체물리학과 양자물리학이 오히려 도라는 개념에 대한 실마리를 주는 것 같다. 우리는 긴 세월 축적된 선인先人들의 지혜를 바탕으로 그 시대의 민중들보다 상당한 지식을 갖춘 셈이다.

『노자』를 반복해 읽으면서 선입관을 배제하고, 도라는 그 무엇을, 우주가 시작되어 물질이 나타난 것을 상정하면 혹시라도 이러한 뜻이 아니었을까, 접근이 가능해질 수도 있을 것 같아 이해의 방향을 변화시켜 보고자 한 것이 이 글의 출발점이다. 납득이 명쾌하지 않은 부분을 역발상으로 도전해 보려는 것이다. 나는 노자가 한 말의 맥락을 이해하고자 시도하는 것이지 학술적으로 연구하고 분석하려는 것이 아님을 다시 양해 바란다. 전문성을 갖춘 연구 보고서가 아닌 에세이 유사한 형식인 본 글의 작성은 다음과 같은 기준(오로지 나처럼 평범한 이들의 이해를 목적으로 도전해 보는)을 바탕으로 쓰게 되었다.

• 원문(판본에 따라 글자 수가 달라지기도 하지만 다수 해석자의 선택에 따랐다.)과 비교하고 검토한 것 등을 참조하여 타당할 듯한 해석(【   】안에 씀) 등을 앞에 두고 이후 내 생각(☞로 표기함)을 썼다. 때로 (   )안의 첨언들은 보다 문맥을 쉽게 이해해 보고자 시도한 것이다.

• 한문에 대한 깊은 지식은 부족하므로 무작위로 접하게 된(의도를 가지고 선택했다기보다는) 책들로서 이강수 교수, 도올 김용옥 교수, 이석명, 기세춘 선생, 최진석 교수, 오강남 교수, 강신주 교수, 소준섭, 남만성, 이경숙, 전통문화연구회(동양고전

종합DB), 김학목, 일부 연구 논문 등을 비교하고 이해해 보려고 참조하였다. 그들은 중국과 대만에서 유학하여 한문에 박식한 이, 한문에 정통한 도가 철학자, 재야 동양 철학자, 다른 분야에서 이미 유명한 전문가 등으로서 다양한 관점을 볼 수 있었다고 생각한다. 많은 분들을 참조한 것은 내가 그만큼 무지한 사정을 드러낸다. 이석명은 오류가 많은 「왕필본」보다 「죽간본」·「백서본」을 중요시하고 매우 상세히 비교 참조하며 해석해 주고 있다. 이 책에서는 그의 해석을 본문에 참조하였으나 내용이 너무 많아지므로 왕필본과 다른 죽간본·백서본의 한문까지 세세히 참고·인용하지 못했음을 이해바란다.

• 여타의 해석과 다른 부분이 두드러진 것은 별도로 대조하였다. 연구·해석자들의 독자적 주장과 논란이 있고 어떤 해석은 오히려 의문을 더하고 수긍하기 어려운 부분이 있었으나 내 생각도 틀릴 수 있기에 구태여 분별하지 않았다. 나는 어차피 그걸 식별할 역량이 안 된다. 다만 해석의 관점을 두루 보고 내가 이해하고 싶었을 뿐이다. 해석자들이 기준한 판본에 따라 글자가 바뀌거나

가감되기도 하지만, 어쩌다 보니 이강수, 김용옥, 기세춘, 최진석, 이석명, 소준섭, 동양고전종합DB의 해석본을 먼저 살펴보게 되었었다.

• 한자는 일부 당시대와 현대의 의미가 크게 달라지지 않게 유지되거나 또는 많이 변화되었을 것이나 이 책은 한자에 대해 그런 전문성을 가지고 분석한 것은 아니고 전반적인 내용의 흐름을 파악하고자 한 것이다. 본 글은 『노자』를 통한 개인적인 생각(연구·해석서가 아니라)을 쓴 것임을 다시 양해해 주시기를 바라고 있다.

• 실제로는 자구字句마다 심층적 뜻이 숨어 있을 수 있지만 외서外書의 경우 글자의 고지식한 해석에 집중함으로써 원뜻이 모호해지는 점이 있다고 생각해서 되도록 쉽게 이해해 보고자, 부족하지만 일부는 자의적인 의역을 덧붙였다. 해석자마다 본문의 띄어쓰기 표현이 다르지만 이를 특별히 식별하지는 않았다.

• 다시 밝히지만, 『노자』를 읽고 개인적 생각을 술회한 것이므로 당대의 역사·사건 내막·사상사적

조류와 의미에 대한 세심한 검토를 수행해서 보완된 글이 아님을 밝힌다.

• 이 책에 본질, 실체, 근원, 실정, 본질, 본성 등과 같은 여러 전문 철학 개념·논리상의 주요 용어들이 있는데 여기서는 그냥 보통 사람의 일상적인 단순한 대화의 의미로만 사용했다.

도
경
(道經)

1. 영원한 도라는 것

道可道 非常道 名可名 非常名 無名天地之始 有名
萬物之母 故常無欲以觀其妙 常有欲以觀其徼 此兩
者同出而異名 同謂之玄 玄之又玄 衆妙之門
(도가도 비상도 명가명 비상명 무명천지지시 유명만물지
모 고상무욕이관기묘 상유욕이관기요 차양자동출이이명
동위지현 현지우현 중묘지문)

【(우리끼리는) 도를 도라고 지칭할 수는 있지만
그것이 영구한 도의 실체를 보여주는 것이라고
는 할 수 없을 것이다. 이름으로는 어떤 것의
개념과 인식을 서로 소통하는 데 사용할 수 있
지만 그 이름이 영구한 (도라는) 실체를 제대로
드러낸 것일까? (이름은 이름일 뿐.) 처음에 그것
은 이름도 없었다.(처음엔 이름도 없었던 그것으로부
터 세상은 시작되었다.) 나중에 이름은 붙여 구별
은 하였으나 그것의 실체는 세상 만물을 낳게
한 근원이었다. 고로 아무런 의도 없이 드러난
그것에서 신묘한 실정을 알 수 있게 되고(항상

인위의 욕심이 없으면 무명의 묘용을 보고 *기세춘 /
상무로써 그 싹을 보려 하고 *이강수 / 하고자 하는 것
이 없음으로 사물이 시작되는 미묘함을 보고 *김학목),
의식하는 바에 따른 영구함이라는 개념일지라
도 그 속에는 운행하는 실상을 내재하고 있는
것이라(항상 인위의 욕심이 있으면 유명의 순환을 본
다. *기세춘 / 상유로써 그 끝을 보고자 한다. *이강수
/ 하고자 하는 것이 있음에서 사물이 되돌아가 끝나는
종결점을 살펴서 헤아린다. *김학목 / 유욕하면 도의 껍
데기만 보게 된다. *이석명) 그 신묘함이나 (도의)
운행의 이치(귀종歸終 *김학목)라는 것은, 같은
실상을 드러내는 것이며 이름만 다를 뿐이다.
(생성과 순환은 다 같이 도에서 나왔으니 이름이 다를
뿐이다. *기세춘) 똑같이 (만물을 태동하는 태초의 아
득한 상태인) 현玄이라 할 수 있고 그것은 아득
하고 아득하니 모든 (세상 만물을 낳는) 신묘함은
(온갖 것들이 드나드는 문으로서 *최진석) 그것으로부
터 시작된 것이었다.】

☞ 이 유명한 구절에 대한 해석에서부터 도덕
경에 관한 논란은 시작된다. 후세인들과 현대

의 연구자들의 각기 다른 주장이 무수하다. 왜 그럴까? 우리가 여전히 도를 정확히 알지 못하기 때문이다. 체득하지 못한 경지에 대한 이해는 추상적일 수밖에 없다.

김충렬에 따르면 노자의 도는 너무나 정체적整體的이고 포괄적인 개념이다. '형이상形而上과 형이하形而下, 전체와 개체, 실체와 공용功用, 생성과 소멸, 유와 무, 영원과 변화, 자연과 무위, 차별과 무차별 등 우주가 존재하며 구조 짓고 변화 생성하며 균형과 조화를 잡아가는 자연의 모든 것을 갖추고 있다.'(*「노장산책」, 『철학과 현실』, 봄호, 1991.)

나는 다음과 같이 이해하고 싶다. 도는 우주, 천지만물의 '근원적 실체이면서 동시에 생성과 소멸의 원리'라고 할 수 있다. 즉, 만물의 근원으로서 물질(형상形象)의 모태, 그리고 그것이 순환하는 원리(방식, 법칙. 불교에서 법法이라고 하는 개념과 연결점이 있다고 생각해 본다.)를 아울러 일

칸는다.

말로 하거나 이름을 붙여도 도의 실체는 정확히 알지 못하고 있다. 도란 '도'라는 특정한 말로 그 실체를 온전히 표현할 수 있는 것이 아니다. 선각자들이 말하기를, '도의 실체'는 개인적인 체득體得(개인의 깨달음)을 통해서만 절감할 수 있다고 한다. 전해지는 지식이 아니라 개인적으로 지극한 수행을 거쳐 특별한 경지에 이르러야 알 수 있다는 것이다. 우리는 그것에 대한 명백한 원리를 탐구 중이나 아직 그 끄트머리도 제대로 알지 못한다. 현대의 천체물리학이나 양자물리학에서 가장 유사한 개념인 '에너지와 정보'라고 할 수 있을지 모르겠다.

당시에 도(도로, 도리 등)라는 말이 이미 있었기에 '상常'이라는 말이 '그렇게 기존에 통용되던 도'와 다르다는 의미의 표현이라는 의견이 있다.(*소준섭) '비상도', '비상명'은 그런 의미도 가능할 것 같다. 노자의 말처럼 도라는 실체를 이름으로 붙이기는 어려워도 '도가명'처럼 우선은 식별하고자 했으니 그 이름을 '도'라고 해보는 것이다. 김학목은 상을 '치우치지 않은'이라고 본다. 도라고 할 수 있는 도와 이름은 사물을 가리키고 형태로 드러나므로 치우치지 않은 것이 아니니 도나 이름이라고 할 수 없다고 왕필의 주를 따라 해석한다. 상은 '항상', '늘'의 의미는 물론, 편중되지 않고 드러나지 않음이라고도 한다.(*『노자 도덕경과 왕필의 주』)

김승동은 도가도, 명가명에서 뒤의 도와 명은 유가儒家에서 말하는 인륜人倫의 도와, 유가에서의 도덕의 명목名目을 가리키는 것으로, 유가가 설하는 인도人道를 비판하는 것이므로 유가의 도는 대도大道가 될 수 없다는 뜻이라 한다. 그가 보는 노자의 도는 형이상학적인 원리이다.(*「도덕경에 나타난 노자의 도에 관한 연구」, 코키토 26, 1984.)

도는 항구 불변하는 현상이나 이치가 아니다.

우주는 끊임없이 변화해 가며(非常) 순환하고 있다. '비상도'가 그러한 의미를 품고 있다. 노자가 설명했듯이 보아도 보이지 않는 것, 들어보려 해도 들리지 않는 것, 잡으려 해도 만져지지 않는 것이라는 것을 도라는 이름으로, 그 실체를 선입관으로 한정하지 말아야 한다. 도는 우리가 지식으로 인지하는 도로서 개념 안에 가둘 수 있는 것이 아니다.

상상과 이름만으로 도의 실체를 알 수 있을까? 우주가 형성되어 (처음에 특이점이 있었고 그것이 급격히 폭발·팽창하게 된 빅뱅으로부터 우주가 시작되었다고 천체물리학자들은 말한다.) 거기에서 모든 물질이 생성되고 또 소멸되고 있는 우주 변화의 원리(나는 이것을 상도常道라고 생각한다.)는 인간의 머리로 상상하기도 어려운 신통한 현상이다. 이것을 도라고 믿어보자. 우주가 공간과 시간상으로 그 끝이 있으리라고는 전혀 알 수 없고 오직 영구하다고 알고 있을 뿐이다. (빅뱅 이전도 있었을 것이니 우주 자체도 순환한다는 주장도 있다.)

비어 있는 것 같지만 그 공간에서 물질이 나타났다. 우주는 정말 광막한 어두움으로 펼쳐져 있고 아득하다.(이를 가물하다고 표현한다.) 묘하고도 심오하다. 현玄이 그런 형상을 두루 안고 있는 글자다. 태초의 광막한 어두움이며 모든 것을 아우른다. 우리는 그런 신묘한 우주 속의 어떤 작은 별(보이저호가 촬영한 지구의 모습을 '창백한 푸른 점'이라고 칼 세이건이 말한 곳)에서 짧은 시간 생멸하는 존재일 뿐이다.

최진석은 무無, 명천지지시名天地之始, 유有, 명만물지묘名萬物之母라고 띄어 읽는다. '무는 이 세계의 시작을 가리키고, 유는 모든 만물을 통칭하여 가리킨다'는 말이다. 무명, 유명으로 대상화하여 지칭하는 해석보다는 타당한 것 같다. 이석명은 시始는 여자가 처음 여성이 되는 상태를 말하며, 모母는 자식을 임신한 상태 또는 젖을 먹이는 모습이다.(*설문해자에서 인용) 따라서 시는 만물이 형성되는 초기 상태이고 모는 이미 형성된 만물이 길러지는 상태다. 강신주는, 무는 관계 가능성과 통일성의 원리이고 유는 다양성과 식별 가능성의 원리로서 유라는 존재 원리는 어차피 무라는 최종원리에 종속되는 것이고 모든 개체는 유의 계기를 종속시키기 위해 무라는 최종원리에서 그 힘을 얻는다고 한다.

여기서 논란이 많은 두 문단에 대한 이해가 필요하다. 하나는 '고상무욕故常無欲 이관기묘以觀其妙 상유욕常有欲 이관기요以觀其徼'다. 다른 하나는 '유명만물지모有名萬物之母'다. 나는 도의 실체와 이름과의 관계를 생각해 본다. 노자는 '도'라고 이름은 붙였지만 꼭 그 이름이 아니어도 좋다는 식으로 '비상명'을 말했다. 이름을 뭐라고 붙이든 그 자체로는 도의 본질인 실체와는 사실 다르다고 하는 것이다. 하지만 (우리의 소통을 위해) 도라고 해본다고 했었다.

그러므로 실체를 깨달으면 도의 신묘함을, 깨닫지 못하면 이름으로나마 분별하여 집중하게 되면서 (실체는 체득하지 못한 상태이더라도) 도라는 것을 지식으로나마 소통할 수는 있게 되었다. 어찌 됐든 그렇게 이름 붙여준 것의 실체는 (비록 당신이 아직 깨닫지 못했더라도) 만물의 어머니인 것은 변함이 없다. 즉, 유는 무에서 나왔고 결국엔 유는 무로 환원된다. 그 근원은 도일 뿐이다. 그래서 유나 무나 도의 같고도 다른 모습이라고 할 수 있다. 나는 위와 같이 맥락을 이해하고자 한다.

※ 도의 실체성에 대한 논의

　실체라는 말은 철학 사상적으로 매우 심오하고 복잡한 의미를 가진다. 특히 서양철학에서는 더욱 그렇다. 이강수 교수가 도를 정신적 실체라고 말함으로써 논란이 야기된 바가 있었다고 한다.

이강수 : 장자는 도가 비물非物이라고 주장하였지만 도가 정신적인 것이 아니라고 주장하지는 않았다. 이 경우 정신적 실체는 물론 심리 현상을 가리

키는 것은 아니며, 오히려 절대정신이라고 부를 수 있는 실체이다. (⋯) 장자가 제시한 도의 체득 방법을 보면 내구內求의 성격을 띠고 있다. 즉 자아의 내면세계 깊숙이 내재해 있는 허령虛靈한 심心을 회복함으로써 도를 체득할 수 있다고 하였다. 이는 결국 도가 정신적 실체라는 것을 전제한 것이라 볼 수 있다.(*『노자와 장자 무위와 소요의 철학』, 길, 2005.)

이재권 : 이강수 교수는 도를 유일 절대의 실체實體, 혹은 궁극적 실재實在, 근원자根源者라고 표현한다. 실체와 실재는 서양철학의 용어인데, 특히 실체 개념은 데카르트의 용어를 빌려 온 것이다.(*「이강수 교수의 도관」, 『이강수 읽기를 통해 본 노장철학연구의 현주소』, 예문서원. 2005.)

이권 : 서양의 개념에 따르면 실체는 운동 변화하지 않기에, 도는 영원하거나 영원히 변치 않으므로 서양의 실체관과 비슷해 보이나, 개별자에 내재하는 도는 세상의 개별자들이 모두 사라지지 않는 한 계속 존재하므로, 이처럼 도의 영원성은 개별 사물들을 떠나서 거론되는 것이 아니기에 서양의 실체

관과 다르다.(*「도의 근원성과 실체」, 같은 책.)

송하환 : 도는 인간의 감각으로 인식 가능한 구체
적 존재가 아니라 정의情意와 언표言表를 초월하는
형이상적形而上的 존재다. 노자가 도를 불가사의한
것으로 보았다고 하여 도의 비존재를 의미하는 것
은 아니다. 도는 우주만물의 실재實在이며 생성원리
이다.(*「노자철학 중 도의 개념」, 『전북대학교교양학과
정부 논문집』 Vol.4, 1976.)

최진석 : 도는 실체나 본체로 이해될 수 있는 어떤
것이 아니라 자연이 존재하는 형식이자 그렇게 존
재하도록 하는 원칙 내지는 그런 사실을 가리키는
범주다.(『노자의 목소리로 듣는 도덕경』, 소나무, 2015.)

전문 연구자가 아닌 나는 이렇게 편의대로 생각해
본다. 도가 인간의 감각기관으로는 보이지도, 들리
지도, 만져볼 수도 없기에 실체가 아니라는 것은
인간의 입장일 뿐이다. 수양을 통해서만 알 수 있
다고 하더라도 정신적인 실체라는 말은 '마음이 세
상을 만들고 이끈다'는 의미로 연결 지어도 될까?
마음과 정신도 에너지라 할 수 있다. 모든 물질이

해체된다면 남는 것은 원자일 것이다. 에너지와 원자는 사람의 눈에는 보이지 않지만 물질로 나타났다가 다시 환원되는 과정을 겪는다. 우주라는 시스템 내에서 물질의 생성과 해체, 순환의 원리를 아우르는 모든 것(질료와 에너지, 시스템인 섭리)은 실체라 해도 되지 않을까?

2. 인간의 기준으로 정한 아름다움은
   추한 것일 수도 있다.

天下皆知美之爲美 斯惡已 皆知善之爲善 斯不善已
故 有無相生 難易相成 長短相較 高下相傾 音聲相
和 前後相隨 是以聖人處無爲之事 行不言之敎 萬
物作焉而不辭 生而不有 爲而不恃 功成而不居 夫
唯弗居 是以不去
(천하개지미지위미 사오이 개지선지위선 사불선이고 유
무상생 난이상성 장단상교 고하상경 음성상화 전후상수
시이성인처무위지사 행불언지교 만물작언이불사 생이불
유 위이불시 공성이불거 부유불거 시이불거)

【천하의 모든 아름답다고 알고 있는 (의도하고
만들어진) 개념으로서의 아름다움이란, 실은 추
한(추하다는 상대성을 이미 가진 / 선한 것이 됨은 선
하지 않은 것 때문 *김학목) 것이며, 옳다고 알고
있는 의식적인 옳음(선)이란 실은 바르지 않다
(불선)는 뜻이기도 하다. 그러므로 유무란 상대
적으로 (의미를) 살려주는 것이고, 어렵고 쉬움

이란 서로를 이루어주는 말이 되며, 길고 짧음이란 서로를 헤아려(드러내고 *강신주) 있게 된 것이고, 높고 낮음이란 서로를 대보기에(채워주고 *강신주) 있게 된 것이며, 음과 성은(자음과 모음 *기세춘 / 전체적인 소리와 부분적인 소리 *강신주) 소리가 서로 조화를 이루는(부드럽게 *강신주) 것이므로, 이러한 상대적인 것들은 서로에 의해 의미가 형성되며 앞뒤로 따라오는 것이다. 따라서(자연의 이런 원칙을 본받아 *최진석) 성인은 무위로써(억지로 행하지 않음으로써) 처신하고 말로써 (도를) 가르치려 하지 않았다. (도는) 만물을 만들었더라도 내세우지 않는다. 즉, 만들어 냈으나 이를 드러내지 않았다. 이루어도 어떤 것에 의지하지 않았다. 그러한 공덕을 쌓지도 않았고, 대저 그것에 의지하지도 않았기에 (공덕이) 떠나가 버리지(없어지지) 않았다.】

☞ 천지 만물이나 그것의 생멸 원리는 음양의 조화로부터 시작된 것이다. 사물과 사태의 이면에는 상대성이 존재하는 것이다. 아름답다거

나 선이라는 개념의 그 이면에는 추함과 불선 不善이 있는 것처럼 만물과 사태는 그렇게 양면 성이 있다. 아름답다는 것은 인간의 관념으로 구분 지은 것이다. 각기 관점에 따라 미추美醜 가 달라질 것이다. 그 경계는 모호하다. 유는 무가 있다는 의미이며, 어려운 것은 쉬운 것도 있다는 것이며, 긴 것은 반대로 짧은 것이 있 다는 것이고 높은 것은 낮은 것과 비교해 보기 에 그 차이를 아는 것이며, 음성은 조화를 이 루어야 소리로서 존재한다.

절대적인 개념이라면 상대성이 없어진다. 상대 성은 서로를 인정해 주는 말이 된다. 음과 양 으로 표현할 수 있는 이러한 상대성은 만물의 생성과 소멸, 즉 순환의 원리이기도 하다. 절대 적으로 유일한 것은 도일 뿐이라고 노자는 전 제하고 도로부터 시작된 천지자연의 이치를 이 야기하고 있다.

노자가 수시로 말하는 무위는 무심하거나, 방

관하거나, 아무것도 않는다는 뜻이 아니다. 욕심을 부리지 않으며 강제로 행사하지 않으며 사심을 가지고 일을 도모하지 않는다는 것에 가깝다. 나는, 무위는 자아(에고, 선입관)라는 관념이 형성되기 이전의 상태를 유지하는 것, 또는 자아의식을 앞세워 행위하지 않는 것이라고 생각한다. 반면에 유위는 에고라는 관념이 형성된 상태에서 행위하는 것이라고 이해하고 싶다. 따라서 강제성 행위, 의도적(사심) 행위, 가장, 가식 등의 뜻이 숨어 있다. 인간이란 처음엔 무위의 상태였더라도 생존 여건상 어쩔 수 없이 유위로 전환될 수밖에 없는 것 같다.

천지 만물이 무엇인가의 작위에 의해서가 아니라 자연적으로 생성된 것이었으므로 성인은 그러한 실정을 잘 알기에, 억지로 무엇을 한다는 것이 구태여 필요하지 않다고 여긴다. 본문에서 위이불시爲而不恃의 불시不恃(드러내지 않는다.)가 백서본에는 부지弗志(뜻대로 하지 않는다.)로 표기되어 있다고 한다.(*최진석) 여기서 만물을 만들어 낸 공덕의 주체는 성인이 아니라 도라고 나는 생각하고 있다. 성인은 도를 깨달아 일체가 됨으로써 (도 또는 조물주라는 행위의) 주체·인위·공과라는 것이 아무런 의미가 없는 것임을 안다. 거기에 집착하지도 않으므로 그것을 말로 떠들지 않는다. 그 가르침은 말이 필요 없다. 또한 도의 공덕을 내 것인 양 자랑하지 않으니 도가 그에게서 떠나가지 않는다. 그러니 성인은 평범한 사람이 아니다.

※ 성인聖人에 대하여 ;

　『노자』에서 성인은 도와 덕의 지극한 경지에 이른 진인眞人(본래의 도가 오염되지 않은 참된 사람)이나 지인至人(지극한 도의 경지에 통한 사람), 또는 노자가 기대하는 이상적인 지도자(군주)를 염두에 두고 있다고 보인다. 나는 노자가 세상을 직접 통치하여 바꿔보려는 욕심이 강했던 것은 아니라고 생각한다. 노자가 혹시 도에 대통하여 세속에 초연했을지라도, 혼란한 세상에서 이상적인 지도자에 대한 기대를 드러내는 것을, 『노자』에서 주장하는 이 치와 다르다고 비난하는 것도 이상하다. 스스로도 '천하에 감히 나서지 않는 것'을 자기가 간직한 삼 보三寶 중 하나라고 했었다.(67장)

성인은 그가 생각하는 이상적인 통치(도에 기반한)를 위한 롤모델일 뿐이다. 그가 생각하는 최고의 경지, 처신, 품성 등에 대한 기대치에 부합하는 이가 성 인이지 않을까? 생각이 있는 사람이라면 혼란한 세 상(나와 직접 무관하다고 외면할 수만은 없는)을 방관 만 할 수도 없는 것이다. "그건 옳지 않은 것 같아, 이랬으면 좋겠어"라고 자기가 속한 공동체의 이상 을 누구나 말할 수 있다. 이석명에 따르면 성聖이 라는 글자가 들음(耳), 말함(口), 으뜸(王)을 함의하 므로 자연의 소리를 듣고 그 법칙을 파악하여, 백 성들에게 전달(이끄는)하는 현명한 지도자다.

3. 성인은 사람들의 마음을 어지럽게 하지 않는다

不尙賢 使民不爭 不貴難得之貨 使民不爲盜 不見
可欲 使民心不亂 是以聖人之治 虛其心 實其腹 弱
其志 强其骨 常使民無知無欲 使夫知者不敢爲也
爲無爲則無不治
(불상현 사민부쟁 불귀난득지화 사민불위도 불견가욕 사
민심불란 시이성인지치 허기심 실기복 약기지 강기골 상
사민무지무욕 사부지자불감위야 위무위즉무불치)

【현명함(똑똑한 사람 *최진석)을 높게 사지 않아
사람들이 싸우지 않도록 하고, 얻기 어려운 재
화(희귀한 것)를 귀하게 여기지 않음으로써 사람
들이 도둑질하지 않게 하고, 바란다고 가능하
지 않음을 알게 하여(욕심낼만한 것을 보여주지 않
아 *기세춘) 사람의 마음을 어지럽게 만들지 않
는다. 그럼으로써 성인의 가르침이란 마음을
비우게 하고 배(도, *기세춘)를 채우도록 하며,
(무리한) 뜻을 세우게 하지 않아 뼈(육신)를 강하

- 43 -

게(보존하게) 만드는 것이다. 항상 사람들이 (구
태여) 알려 하지 않고 바라지 않게 함으로써,
안다는 것을 가지고 무엇을 감히 하려 하지 않
게 하니 이것이 억지로 하지 않음에도 다스려
지지 않는 것이 없다고 하는 것이다.】

☞ 무위자연 하는 천지 속에서 인간의 작위적
인 행위의 쓸모없음을 생각해 본다. 아주 크게
거시적으로(또는 국외자의 입장으로) 보면 인간이
어떤 목적하에 무슨 행위를 하든 간에 다 부질
없는 짓일 수 있다. 단순히 우주에서 지구라는
별을 본다고 상상하거나, 높은 곳에 올라 멀리
아래의 인간 세상의 모습을 보면 당장 어떤 생
각이 들 것 같은가?

'현賢'을 어진 사람·현자, 현명한 사람의 허명虛
名(*소준섭)과 현명함(*김학목), 잘난 사람(*이석명)
으로 보는 해석으로 나뉜다. 사회에서 현명하
다고 추앙하기 시작하면 너도나도 그 명성에
집착하게 될 것이다. 그렇다고 민중이 무지하

여야 한다는 뜻은 아니다. 그것은 나쁜 군주가 바라는 바다. 노자가 말하는 의미와는 다르다. 현명하되 현명함을 과시하지 않고 드러내지 않기를 바라는 것이리라. 깊이 없는 지식과 얄팍한 기교로 이름 알리기·자리 탐하기에 집착하는 사람을 인정해 주는 풍토가 문제다. 지식이 많은 것을 칭송하고 얻기도 어려울 재물을 인간성보다 우위에 두지 않는다면 그런 것에 매달려 이전투구泥田鬪狗하지 않는 세상이 이루어질지 모른다. 김충렬은, 문명과 편리함은 욕심 → 지모智謀 → 술수 → '더 큰 욕심'의 악순환을 낳고 사람을 유혹하며 한시라도 편할 수 없다. 이 괴로움은 소박과 가난함으로 인한 고통보다 깊고 무겁기에 노자가 무지, 무욕을 말한 것이라고 한다.

'불귀난득지화不貴難得之貨'는 얻기 어려운 귀중한 재물인가? 재화가 얻기 어려운가? 이경숙은 화貨'가 생필품이라는 개념으로 이를 얻기 어렵게 만들지 말라는 뜻이라는 것. 하지만 '보통 사람이 얻기 어렵다'는 뜻이 아닐까? 요즘에도 명품, 고급 차, 호화 주택 등 고급 사치품을 가지고 위세를 부리는 것 때문에 사람들이 돈에 눈이 머는 것은 다르지 않다. 그런 과한 사치성의 소비·물품은 없어도 사는 데 큰 문제는 없다. 노자가 말하는 우려는 그 뜻일 것 같다. 구태여 필수적인 것이 아닌 물질에 목을 매달지 말라는 충고가 아닐까? 가진 것 없는 이가 귀한 재물에 목매달면 무리수를 둘 수밖에.

사람들이 명성이나 귀한 것을 탐한다는 것을 잘못된 것이라 할 수 없다. 그런 것으로 비교되고 차별되는 것 때문에 집착한다. 현대 자본주의의 빈부 차이와 물질만능 상황을 생각해 보면 이 말을 이해할 수 있다. 서민들이 갖기 어려운 허영虛榮끼 가득한 사치품으로 재력을 과시하는 것도 마찬가지다. 이것으로 사람의 계층을 나눈다. 사회가 지향하는 가치관의 오도는 저변의 민중이 아니라 지배층·기득권자에서부터 시작되고 있다. 재산이나 능력이 부족한 사람이라도 존엄성을 가진 인간 자체로 대우받아야 한다. 그것이 노자가 바라는 도와 덕이 훼손되지 않고 온전히 실현된 세상일 것이다.

그래서 성인은 백성의 마음을 비우도록 하고, 굶주림은 면하게 살펴주고, 과욕을 버리게 하고, 骨(노자는 마음과 같은 관념적인 것이 실체인 몸의 평온을 깨뜨린다고 보았다. *이석명)를 굳세게 하고 어설픈 앎으로 무리하지 않게 한다는 것. 이런 말들의 의미는 헛된 것에 눈 돌리지 말고 할 수 있는 한 심신을 굳건하게(본성이 오염되지 않도록) 해야 한다는 상징적 의미인 듯. 이는 말 없는 가르침이며 성인은 행실과 처세로 다만 모범을 보일 뿐이다.

4. 도는 만물의 근원이다.

道沖而用之 或不盈 淵兮 似萬物之宗 挫其銳 解其
紛 和其光 同其塵 湛兮 似或存 吾不知誰之子 象
帝之先
(도충이용지 혹불영 연혜 사만물지종 좌기예 해기분 화
기광 동기진 담혜 사혹존 오부지수지자 상제지선)

【도란 그 쓰임이 무한해 혹시라도 비어 버릴
것(텅 비어 있어도 작용은 끝이 없다. *최진석 / 비어
있으면서 작용하여 아무것도 채우지 않을 것 같고 *김
학목) 같아도 깊어서 만물의 근본이라 할 수 있
으리라. 그것에 날카로움을 꺾고(고착된 선입관을
버리고) 얽힌 것을(만물의 대립과 분란을 *김학목)
풀어 그 빛나는 실체와 조화롭게 어울리면(깨달
음에 이르게 되어) 마치 티끌처럼(자아가 없는 것처
럼) 그것과 같아질(티끌 같은 세속과 함께 *김학목 /
만물과 하나되어 *이석명) 것이다.(도는 모든 지나친
것들을 덜어내어 부조화와 불균형의 상태를 해소한다. *
이석명) 그것은 깊고 깊어서 있는 것 같기는 한

데 그것이 어디서 나왔는지는 알 수가 없다. (나는 그것이 누구의 자식인지 모르지만 *기세춘) 상제 (만물을 만들어낸 주체·조물주)보다도 앞서(태초 이전 부터) 있었을 것이다.】

☞ 몇 한자와 문단에 유의할 필요가 있는 것 같다. 충沖은 비어 있으며 깊다는 의미도 가지 고 있다.(그릇의 안쪽이 빔을 의미 *김승동, 같은 논 문) 한자 연淵에도 깊은 연못이라는 뜻이 있다. (속이 깊은 것 *김승동) 도가 천하 만물의 모태이 니 그 쓰임이 크기만 하므로 혹시 부족해지랴? 는 우려는 하지 말라는 말을 노자는 하고 싶은 것이 아니었을까? 나는 도는 무한할 뿐 아니라 아득하고 깊어서 부족함이 없다고 이해하고자 한다.

만약 도의 실마리를 잡으려는 수행 중에 겪게 되는 과정이라고 한다면 다음 문단의 좌기예挫 其銳, 해기분解其紛, 화기광和其光, 동기진同其塵 같을 거라고도 나는 생각하고 있다. 이 표현들은 이해하기 미묘하다. '화광동진和光同塵'이라고 '빛나는 지혜를 가지고도 속세에 묻혀 있거나, 드러내지 않고 감춘다'는 의미로 쓰이는 말의 근원이다.(56장에 있는 '광이불요光而不耀'도 자기를 감춘다는 의미에 부합하는 말이다.) 그러나 '구도求道 자체에 매몰되지 말고 고착된 선입관과 자아를 버리고 풀어가면서(자신을 드러내는 빛·지식을 죽이고. 화기광은 화和가 '빛과 아우른다'는 의미이기도 한데 '누그러뜨리거나, 순화, 억누르는'의 부정적으로 받아들여지고 있다. 과연 그런 의미뿐일까? 의문은 있다.) 깨달음을 얻어가면 자기라는 존재마저 희미해진다'는 뜻으로 나는 믿고 있다. '좌기예, 해기분'은 자기가 아는 지식으로 구도를 방해하는 것을 버리라는 뜻이라고 할 수 있다. '화기광, 동기진'은 자아(에고)를 철저히 소멸시키는 과정에서 얻는 깨달음이라고 생각해 본다. 자아, 에고를 쉽게 생각하자면 철저히 객관화되지 못하는 선입관, 고정관념, 자존심, 이기심, 주관 같은 것으로 강력한 자기 생각(사심)이 들어간 것이다. 물론 좌기예, 해기분, 화기광, 동기진을 일반적 해석처럼 도의 행함에 대한 설명으로 보고 싶다.

우리가 부단히 탐구하고 미미하게나마 밝혀가고 있는 우주의 시원과 변화는 영구하고 그곳은 천지 만물의 모태로 무궁무진하다. 그것은 인간의 감각에 매인 인식으로서 쉽게 알 수 있는 현상은 아니다. 처음에 도로부터 모든 것이 시작되었기에 도는 (도로부터 생겨난) 그 어떤 존재보다도(만약에 도를 상제라고 여기거나, 만약 태초의 도 이후 상제가 나타났다면 상제보다도) 앞선 것이다. 상제象帝는 형상을 만들어낸 최고의 존재인 조물주다. 즉, 형상을 만들어 내기 시작한 때의 도(태극이라고 보면)다. 따라서 그 이전 무극으로서의 도는 태극보다 앞선 것 아닐까?

※ 도는 모든 만물의 발생 근원이 아니라 자연의 존재 형식을 보여주는 원칙으로서의 기능인가?

1장의 도의 실체성에 이어 최진석의 주장을 덧

붙인다. 그는 사만물지종似萬物之宗에서 사似가 '사실은 그렇지 않다'는 뜻에 따라 모든 만물이 도로부터 연역적으로 발생되어 나오는 것이 아니라고 한다. 도는 실체나 본체로 이해될 수 있는 어떤 것이 아니라 자연이 존재하는 형식이자 그렇게 존재하도록 하는 원칙 내지는 그런 사실을 가리키는 범주라고 한다. 도를 원리나 법칙으로 한정할 것인지, 무로부터 유가 되는 물物의 원천을 포함할 것인지 논란이 일 수밖에 없을 것 같다.

상당 부분은 확실히 원리, 법칙, 시스템에 가까워 보인다. 노자가 도라고 이름 붙인 것, 불교에서 법法이라고 하는 것도 이것에 비중을 두는 느낌이다. 반면에 어떤 절대적 존재(하나님, 조물주…)를 가정해 보자. 그 존재가 아무것도 없는 공간에서 만물을 창조해 낼 때, 그 존재를 법칙이라고 한정할 수가 있을까? 물의 근원과 그것을 움직이는 원리가 별개인가? 하나인가? 앞의 도의 실체성과 연관하여 생각할 게 많은 주제다. 그러나 이 책에서 나는 '물物의 근원(실질적 존재)이면서 또한 그것이 순환하는 원리'라고 포괄적으로 전제하고 있다.

5. 천지는 인자롭지 않다.

天地不仁　以萬物爲芻狗　聖人不仁　以百姓爲芻狗
天地之間　其猶橐籥乎　虛而不屈　動而愈出　多言數
窮　不如守中
(천지불인 이만물위추구 성인불인 이백성위추구 천지지
간 기유탁약호 허이불굴 동이유출 다언삭궁 불여수중)

【천지(자연)라는 것은 원래 자애롭기만 한 것
(무엇을 의도하고 행사하는 존재와 현상)은 아니어서
(편애하지 않으므로 *이석명) 만물을 풀로 만든 강
아지처럼 여기는 것으로 보이며, 성인도 그처
럼 인자롭지는 않아(감정을 품지 않고) 백성을 풀
로 만든 강아지처럼 (무심히) 대하는 것이다. 천
지간은 비어 있지만 찌그러지지 않는 것이니(다
함이 없고 *이석명) 풀무나 피리처럼 비어 있는
그 공간으로부터 무언가 만들어지고 (움직일수록
더욱 잘 *이석명) 나타난다. (그러나 비어 있는 목구
멍에서 나오는 사람의) 말은 많을수록 궁색해지는
것이다. 차라리 말로 하지 않고 마음에(흉중에)

담아둠만 못하다.】

☞ 자연이라는 말 자체가 스스로 존재하고 순환하고 있다는 뜻이다. 무엇인가 목적을 가지고(인간을 돕거나 해치려는 자연답지 않은 부자연스러운 의도로) 그 현상이 나타나는 것은 아니다. 애초에 자애롭다, 자애롭지 못하다는 분별이 없는 것이다. 성인의 의미에 따라서 해석이 달라진다. 진인과 같은 의미라면 천지자연과 하나로 통했을 것이고, 군주를 의미한다면 군주의 행태가 자연처럼 백성을 추구로(하찮게) 여긴다는 뜻이 가능하지만, 군주는 공평해야 한다. 그러니 마음을 비우는 수양을 해야 한다.(*이석명) 추구는 풀로 만든 강아지로 제사 때 희생물 대신 사용한 것이므로 제사가 끝나면 무심하게 버려지는 것이다. 최진석은 천지불인天地不仁을 천도무친天道無親으로 보아야 한다고 한다. 인仁은 인간의 기본 정서(공자가 말하는 인의 여러 의미 중 하나)인 '인자하다'가 아니며, 의지를 개입시키는 것도 아닌 '무심하고 공평무사하게 대한

다'는 말이다. 즉, 천지자연의 모습은 무차별적
이라는 말이다. 『장자』에도 '성인은 사람의 형
체를 가지고 있지만 인간의 정이 없다는 말'이
있다.(유인지형有人之形 무인지정無人之情, 「덕충부」)
장자는 "정이 없다는 것은 시비(분별)를 말하는
것이며 사람이 그 좋고 싫다는 마음으로 몸을
상하지 않아야 한다"고 설명한다. 김학목은 왕
필을 인용, '성인이 (…) 슬픔과 즐거움이 없을
수 없다. 그렇다면 성인의 정은 사물에 응하지
만 걸림이 없는 것'이라고 한다.

꽉 차 있는 공간에서 무엇이 나오는 것이 아니
고 비어 있지만, 비어 있지 않다고 볼 수 있는
공간에서 생성되고 있다. 천지간에서 만물이
나타나고, 피리에서 소리가 나듯이. 생성되는
것은 조화에 맞게, 때가 되면 나타나는 현상이
다. 인간의 말이라는 것은 에고라는 것 때문에
순수하지 못해 과하면 조화롭지 못하기 십상이
다. 왕필은 풀무 속이 비어 있는 것을 자기의
생각이나 감정을 버리고 자연에 따르는 것으로

풀이하였다.(*이강수의 인용)

※ 자연에 대하여

이 장에서 천지를 자연으로 표현했지만 오상무는 학계의 공인된 의견은 아니라고 한다. 그러나 나는 '자연'을 외계 자연, 현상이 상당 부분 포함된다고 생각하고 신중하게 분별하지 않고 본 책에 전제하고 있다. "노자가 말하는 자연은 다층적多層的인 인 말이다. 무엇의 상태, 속성을 나타내는 서술어로 무엇이라는 것에 초점을 두면 만물, 백성, 도덕의 존귀함일 경우도 있고, 상태에 초점을 두면 '스스로 그러하다', '본래 그러하다'는 자발성과 본래성이 경우에 따라 강조된다. 단순히 나무, 돌, 바람, 비 등의 자연물이나 그 현상, 혹은 인식의 대상이 되는 외계의 모든 현상을 지칭하는 개념이 아니다. 자발성과 본래성은 이 외계 현상의 의미에 포함되지 않는다. 노자는 모든 인간의 실천적 행위(광의의 인위)를 부정한 것이 아니라 자연(자발성과 본래성)에 반하는 행위(협의의 인위)를 부정한다."(*오상무, 「노자의 자연 개념 논고」, 『철학연구』82, 철학연구회, 2008. 맺음말 중 요약.)

이종성은 '인위로써 자연을 훼멸시켜서는 안 되며,
고의적으로 생명을 궤멸해서도 안 된다.'(『장자』, 「
추수」) '자연과 인간이 서로 이기려 하지 않는 상
태'(『장자』, 「대종사」). '하늘과 땅과 인간은 서로 더
불어 살아가는 존재이다. 만물은 인간과 더불어 하
나가 된다.'(『장자』, 「제물론」) '노나라 제후가 새를
잡아 술과 고기를 주고 음악을 들려주는 사례'(『장
자』, 「지락」). '뱁새는 숲에 둥지를 틀더라도 나뭇가
지 하나에 만족하고, 두더지는 황하의 물을 마시더
라도 자신의 배를 채우는 정도'(『장자』, 「소요유」) 등
을 들어 현대의 심각한 생태 위기에 대해 장자 철
학의 생태학적 지혜가 대안이 될 수 있다고 한다.(「
장자철학의 지혜와 현대적 의의」, 『동서철학연구』 제64
호, 2012.)

6. 무엇인가 공간으로부터 생겨나온 것

谷神不死 是謂玄牝 玄牝之門 是謂天地根 綿綿若
存 用之不勤
(곡신불사 시위현빈 현빈지문 시위천지근 면면약존 용지
불근)

【신령함(창조해 내는 것)이 죽지 않는(영구한 실체
로서) 틈새(공간)가(골짜기의 신묘함이 *김학목) 있어
이를 현빈이라 칭하되, 이 현빈(신비로운 암컷 *
김승동 / *이석명)을 하늘과 땅의 근원(천지 만물을
만들어내는 곳)이라 한다. 영구히 이어지며 써도
써도 뿌리가 드러나지 않는다.】

☞ 천지의 공간 어디에선가(갑자기 공간에서 불쑥
나타나지 않고 어떤 틈 안에서 형성되어 삐져나오는 식
으로 상상을 해보면) 만물이 생성되어 나오는데
이를 현빈玄牝 - 모태母胎 또는 생명체가 거기
서 태어나온다는 의미로 빈牝(암컷, 계곡, 여성의
자궁)이라는 비유를 하고 있지만 그 형상을 구

태여 특정하지는 않아도 될 듯하다. – 이라 부르겠지만, 그것은 어떤 존재가 만물을 작위로 창조해 내는 것이 아니며 자연적으로 나타나게 하는 공간·장소다. 그 현묘한 곳을 통해 애써 수고하지 않고도(무엇인가 의도하지 않으면서) 천지 만물을 만들어내는 작용을 하고 있다. 현玄은 모든 것을 아우르는 광막하고 어두운 우주를 함축하고 있다.

'곡신은 죽지 않는다'거나 '죽지 않는 계곡(골짜기)이 있다' 등의 해석은 이해하기가 참으로 모호해진다. 그 글자보다는 현상을 그려보고 싶다. 만물을 만들어 공간(곡)을 통해 내보내는(흘러나오는) 존재가 곡신(도. 곡의 신령함이라고 이해해도 상관없다.)이다. 이강수는 곡이 허虛를 비유한다고 한다. 이석명은, 곡은 '생성 작용'과 관련 있고 신은 계곡의 '신비한 작용'이라고 한다. 최오목은 노자의 '모성의식'을 말한다. 원시모성原始母性의 의식, 혹은 자성雌性(암컷)의 사고로서 곡신은 도를 은밀하게 표현한 것이며 음의 속성이 지니는 생산력의 작용을 강조한다. 이 세상의 모든 사람들이 희생적 정열로서 만물의 어머니 역할을 감당하여야 한다는 의미라고 한다.(*「노자 무위사상의 기저」, 『도교문화연구』 34, 한국도교문화학회, 2011.)

만물이 태어남을 생각하면 '모성'이라는 말을 떠올릴 수밖에 없다. 모성은 신성하고 현묘한 것이다. 한 인간으로서도 자기의 어머니를 생각하면 이를 부정할 수가 없다. 곡신(비어있는 듯한 무無의 공간에서 나오는)이나 현빈(더욱이 천지 만물의 신통한 모태로서)은 그러한 표현일 것이다. 천지 만물이 생성되는 우주는 시간·공간의 유한함이 없다. 그러니 천지 만물의 모태라는 것은 불사의 존재와 같다. 곡신(도)이 죽는다면 천지 만물이 소멸할 것이다. 현묘한 그것은 넘치지도 않고 무한히 써도 마르지 않는다고 말한다.

7. 사심 없는 천지는 무한하고 영원하다.

天長地久 天地所以能長且久者 以其不自生 故能長生 是以聖人後其身 而身先 外其身而身存 非以其無私邪 故能成其私

(천장지구 천지소이능장차구자 이기부자생 고능장생 시이성인후기신 이신선 외기신이신존 비이기무사야 고능성기사)

【하늘과 땅은 무한하고 영구하다. 천지가 이렇게 장구한 것은 스스로 살아가고자 하는(살고자 하는 의지를 가진) 존재가 아니기(나를 고집하지 않기 *이석명) 때문이다. 그러므로 영구히 살아 있는 것이다. 따라서 성인은 육신을 먼저 위하지 않고 몸을 떠난 처신을 함으로써(자신을 뒷전에 두고 소외시키지만) 오히려 몸을 보존하는 것이다. 이런 것이 사사로움이 없는 것이다.(나를 주장함이 없기 때문 *이석명) 그럼으로써 그 자신(사사로운 *기세춘)이 존재할 수 있는 것이다.】

☞ 노자의 '천장지구'에서 가져온 홍콩 영화의 제목도 있었다. 백거이白居易의 시 '장한가長恨歌'에서도 나온다. 안타깝게 끝나는 주인공들(유덕화와 오천련, 당 현종과 양귀비)의 사랑이 영원하기를 바라는 의미라고 할 수 있을 것이다. 하늘은 길고(長) 땅은 오래간다는(久) 어순 대로의 의미가 아니라 천지가 무한히 존재해 왔다는 말이다. 이것을 신앙인은 창조주가 한 일이라고 하고 천체물리학자들은 빅뱅으로부터 현재까지 시뮬레이션을 통해 알게 된 약 140억 년의 우주 나이를 이야기할 것이다. (하늘과 땅의 상관성을 강조하는 표현이다. *이석명)

천지가 장구하다는 것은, 천지 만물의 근원으로서 죽지 않는 곡신이며 현빈이라고 한 말과 이어진다. 곡신이 자신의 존속을 이어가는 존재라면 장구하지 않을 것이라는 의미다. 무한하게 천지 만물을 만들어내는 존재이기에 영원히 살아 있다. 수명을 가진 존재라면 언젠가 끝나는 것이지만 수명에 매이지 않으면 영원할

것이다. 성인도 곡신을 본받아 자기 육신을 우
선하지는(생명을 연장하려고 애쓰지) 않는다. 그럼
으로써 자기를 보존하는 것이다. 외기신外其身
은 목표를 자기 몸뚱이를 위하는 것에 두지 않
는다는 말이다.

누군가의 의지가 반영되지 않은 천지의 현상을
비추어볼 때, 자연스럽지 못하게 험난한 세상
에서 투쟁하며 살아보려 몸부림치는 것이 오히
려 육신의 보존과 생존을 어렵게 하는 것이니
차라리 그 집착을 벗어나는 게 낫지 않을까?
인간에 비추어볼 때 자신만을 위한 욕심과 집
착을 부린다고 뜻대로 되는 것이 아니기에 사
욕을 떠나면 오히려 일신의 위태로움이 적을
수 있을 것이라 생각해 본다.

8. 가장 좋은 처신은 물처럼 다투지 않는 것

上善若水 水善利萬物而不爭 處衆人之所惡 故幾於
道 居善地 心善淵 與善仁 言善信 正善治 事善能
動善時 夫唯不爭 故無尤
(상선약수 수선리만물이부쟁 처중인지소오 고기어도 거
선지 심선연 여선인 언선신 정선치 사선능 동선시 부유
부쟁 고무우)

【가장 좋은 처신은(선한 사람은 *이석명) 물과 같
은 것이다. 물은 투쟁하지 않고도 만물에 이롭
게 작용한다. 사람들이 싫어하는 곳에 오히려
머무른다. 그래서 도의 처신과 유사하다. 적절
한 곳에 머무르는 선함(행동거지는 땅처럼 낮고 *
이석명), 마음에 깊이(연못처럼 깊으며 *이석명) 간
직한 선, 자비로운(하늘처럼 두루 미치고 *이석명)
선함, 신의 있는(말은 반드시 미더우며 *이석명) 말
의 선함, 바르게 다스리는 선행, 일을 감당해
내는 선함, 행동할 때를 아는 선함 등(다양한 선

함)이 있지만 가장 중요한 것은 다투지 않는 것이다. 그래서 (물은) 허물이 없는 최선을 보여준다.】

☞ 이 장은 꼭 집어 지도자가 갖추어야 할 품성이 아니더라도 모든 사람에게 해당하는 말이기도 하다. 오래전 전직 대통령 중 한 분이 야당의 당 대표였던 시절 '상선약수'라는 신년 휘호揮毫(붓글씨)를 썼다는 뉴스를 본 적이 있었다. 장애와 난관이 많았던 야당 정치인으로서 물처럼 처신해야겠다는 새로운 각오였었다. 장애를 유연하게 피하고 스스로 낮은 곳으로 처신하며 불필요한 다툼을 일으키지 않겠다는 의지였다. 부딪쳐 투쟁하고 극복한다는 것이 사람을 얼마나 상처 주고 격하게 만드는가? 좀 더 능란하고 유연해 보고자 하려는 의지였을까? 물은 온갖 더러움도 수용해 주고 스스로 낮은 곳에 처한다. 싸워보면 안다. 가능하다면 다투지 않는 것이 정말 마음을 편하게 하는 것임을.

사람들은 스스로 낮추기를 싫어한다. (낮춘다고 좋게 받아들여 주지 않는 경험이 더 많기에 그럴까?) 바르고 옳으며 좋은(선한) 일은 이런 것들이다. 마음에 드는 자기의 터전, 내면의 수양, 자비를 베푸는 것, 믿음 가는 말, 바른 정치(백성이 정의로움으로 보호받을 수 있는 나라의 정치 상황), 일을 잘 해내는 능력, 좋은 때를 택해 실행하는 것 등이 이천여 년 전의 노자가 생각한 것들이다. 이렇게만 인생을 살 수 있다면 아무런 후회도 없을 것 같다. 지금의 우리에게도 그렇다. 그러나 겸손한 처신보다 물의 포용력과 편견 없음을 더 좋게 받아들이고 싶다. 강과 바다를 보라. 저 하류에서 모든 더러운 것을 다 받아준다. 방어벽(틀)을 치고 분별하여 수용한다면 구도·처세에 장애가 될 뿐이다.

9. 가득 채우려는 것은 하지 않음만 못하다.

持而盈之 不如其已 揣而銳之 不可長保 金玉滿堂
莫之能守 富貴而驕 自遺其咎 功遂身退 天之道
(지이영지 불여기이 췌이예지 불가장보 금옥만당 막지능
수 부귀이교 자유기구 공수신퇴 천지도)

【무언가를 가득 채우려 하는(늘리고 채우기보다는
*이석명) 것은 (그런 욕심부리는 짓을) 멈추는 것만
못하다. 날카로이 헤아려본들(예리해진 칼날은 *소
준섭 / 쇠를 불려 날카롭게 하면, 날카로운 상태, 정점
인 상태 *이석명) 영구히 보존할 수는 없다.(잘 다
듬어 예리하게 하면 오래 갈 수 없다. *최진석) 금과
옥이 집에 가득해도 (끝까지) 지키는 것은 불가
능하다. 부유하고 귀한 것도 자랑해 봐야(부귀로
교만함도 *김학목) 실은 이것도 근심거리인(허물인
*김학목) 것이다. 이루었으면 물러나는(처신을 삼
가는, 미련을 두지 않는) 것이 하늘의 도라 할 것
이다.】

☞ 노자의 여러 글귀가 유명한 성어들을 만들어 내었다. 앞의 '천장지구', '상선약수' 등과 함께 이 장의 '금옥만당金玉滿堂'이란 말도 그중 하나다. (이후에도 의미심장하며 기발한 노자의 글귀들이 이어진다.) 개업하는 집에 '금옥만당'은 돈을 많이 벌라는 축복의 용도로 쓰고 있지만, 노자는 아무리 재화가 많아도 그것을 지키는 것은 불가능하다고 표현한 말이었다.

인간의 탐욕은 한계가 없다. 부귀함이나 교만한 것은 재앙을 불러오기도 한다. 많은 재화를 유지하려면 노심초사해야 한다. 따라서 많이 가진 사람이 더 탐욕스럽기 십상이다. 재화가 많아서 생기는 귀한 대접이나 권력은 사람의 마음을 오만하게 만들기 쉽다. 재화가 많은 것이 문제가 아니라 그로 인한 교만함이 화근인 것이다. 하지만 물처럼 낮게 처신하거나 공을 자랑하지 않는다면 현명한 것. 천지의 도가 그렇게 하고 있으니. 넘치지 않아야 하는 것, 물러날 때를 안다는 것은 객관적 입장일 때는 잘 보이는 것이지만 자기 처지에서는 쉽지 않다. 물러날 때를 안다는 것과 자기 인생을 돌아보고 정리하는 자세는 정말 중요한 것 같다. 계속해서 어떤 자리를 차지하려 하고, 영원히 살 것 같지만 그렇지 못하므로 갑자기 떠나야 할 때 대면하게 된 분리·죽음 앞에서 사람들은 당혹해한다.

노자는 형이상학적인 부분만을 말하는 것이 아니라 지극히 현실적인 처신을 같이 말해주고 있다. 하늘의 뜻을 받들어 욕심을 줄일 수 있다면 인간 세상이 평화롭게 공존할 가능성이 있을지 모른다. 지구도, 인간도, 인간이 만든 문명도 언젠간 다 사라질 것은 분명하다. 무한한 우주의 시간에서 찰나의 것에 목숨을 거는 우리 인생이 안타깝다고 할까?

10. 하늘의 덕성으로 백성과 나라를
   사랑하는 것

載營魄抱一 能無離乎 專氣致柔 能嬰兒乎 滌除玄
覽 能無疵乎 愛民治國 能無知乎 天門開闔 能爲雌
乎 明白四達 能無爲乎 生之畜之 生而不有 爲而不
恃 長而不宰 是謂玄德
(재영백포일 능무리호 전기치유 능영아호 척제현람 능무
자호 애민치국 능무지호 천문개합 능위자호 명백사달 능
무위호 생지축지 생이불유 위이불시 장이부재 시위현덕)

【정신(넋)을 하나로 모아(혼과 백을 싣고서 하나로
안아 *최진석) 흩어지지 않게 할 수 있는가?(생명
이 떠나지 않을 수 있을까? *기세춘) 기운(하늘의)에
맡기어 유연함의 극치에 이르면 어린아이처럼
될 수 있을까? 아집을 깨끗이 닦아내어 티끌
없게(현람, 우주를 담은 마음 *최진석) 만들 수 있을
까? 백성을 사랑하고 나라를 다스림에 지식(술
수)에 의존하지 않을 수 있는가? 하늘의 문(이목
구비와 마음의 문 *소준섭)을 여닫는데(천하를 살핌

에) 어미처럼(모성으로) 할 수 있는가? 밝은 뜻이 사방에 이르도록 무위로(강제하지 않고 / 아는 체하지 않고 *이석명) 할 수는 있을까? (만물을) 낳고 기름에 (자기가) 있는 듯 없는 듯 꾸밈없이 기대하지도 않으며, 으뜸된(길러주지만 *이석명) 존재이지만 (무엇도) 주재(통제)하지 않는다면 이를 현덕(본래 하늘이 만물에 베풀어준 덕과 같은 것)이라 할 것이다.】

☞ 구도의 수행 과정(명상, 참선)에서는 정신을 놓치지 않고 붙잡아야 한다. 선사禪師들도 참선할 때 우선 화두를 놓치지 않는 데 중점을 두었다. 여기서 '붙잡는다'는 의미는 명상을 해보면 안다. 좌선에 든 지 얼마 되지 않아 정신은 몸의 감각을 따라가고, 붙잡은 화두는 잡생각으로 바로 이어지고 흔들리며, 졸음에 시달리는 등 애초 명상의 목적을 잊게 만든다. 생각을 줄이려는 것이 수련·수행의 수단인데 딴생각만 이어지면 진전이 되지 않는다.

'척제현람滌除玄覽'은 사람이 이기심과 탐욕에 물들지 않은 상태로 되돌아가는 것으로, 마음의 때를 닦아내어 원초적인 순수함(어린아이)을 회복하는(이기심과 선입관에 고착되지 않는) 것이라고 생각한다. 정신을 집중하여 자아로 물든 선입관(불교의 업장이라는 표현과 부합할 것 같다.)을 없애면 본래의 도의 모습이 보인다고 하는 것이다. 현람은 오묘한 이치를 비추어준다.(이율곡 *이강수 재인용) 비추어주는 것이므로 거울과 같다. 현람은 일체 사물·사건들의 근본인 도를 비출 수 있는 인간의 현묘한 능력이며 이를 노자는 명明이라 하였다.(*이강수) 도를 깨달아 밝아지는 것이라 하겠다. (명백은 나를 둘러싼 세계에 대한 명철한 이해다. *이석명)

암컷의 특성에 따른다는 위자爲雌는 모성이 부드럽고 유연하게 품어주기 때문일 것이다. 천문개합天門開闔에 대한 이석명의 의견은 숨을 들이쉬고 내쉬듯이 정사政事에서 포용적이고 수용적인 자세를 취할 수 있는가 하는 의미이다.

남성은 강하고 굳건한 모습이다. 경직되지 않은, 모든 것을 포괄하는 수용성受容性을 생각해본다. 자식에 대해서 모성은 한없이 받아준다. 구도를 위한 마음의 수행에 있어서도 아집과 에고, 고정관념 등 자기의 고착된 틀을 벗어던지지 못하는 태도는 도를 깨달아가는데 장애임이 분명하다. (실제 이것 때문에 깨달음에 이르기 어렵다.)

백성들의 투쟁심을 부추기고, 파벌을 나누어 아귀다툼의 세상으로 만드는 군주는 백성들을 불행하게 만드는 존재다. 현대에도 모든 것을 법으로 규제해야만 하는 국가는 좋은 나라라고는 할 수 없다. 무능하고 사악한 이들이 나라를 변칙이 횡행하는 사회로 만들었기 때문에 그렇게 된 것이다. 지도자는 백성을 사랑하고 나라를 다스림에 사심을 부리지 않고 어버이의 마음으로 아껴야 한다. 이것이 하늘의 덕성이다. 백성은 군주가 모범을 보이면 따라오게 되어 있다. 그래서 국가, 사회와 백성에게는 군주의 역할이 정말 중요하다. 역사적으로도 망하는 나라는 무능하거나 못된 지도자가 나타나서 무너졌던 것을 보면 알 수 있다.

11. '비어 있음'으로써의 쓸모

三十輻共一轂 當其無 有車之用 埏埴以爲器 當其
無 有器之用 鑿戶牖以爲室 當其無 有室之用 故有
之以爲利 無之以爲用
(삼십폭공일곡 당기무 유거지용 연식이위기 당기무 유기
지용 착호유이위실 당기무 유실지용 고유지이위리 무지
이위용)

【서른 개의 바큇살을 하나의 바퀴통에 지지할
(모여듦에 *이석명) 수 있는 것은 '없음'(공간의 비
어 있음) 때문에 수레로써 쓰임이 가능하다. 진
흙으로 그릇을 만드는바, 그릇에 비어 있는 공
간이 있기에 그릇으로 쓰임이 있다. 방에 창과
문을 만들어 방이 되니 그 비어 있는 공간이
방으로서 쓸모가 있다. 그러므로 유(있음)로서의
이로운 쓸모는 무(비어 있음, 없음)가 그 쓸모(기능
*최진석)를 있게 해주는 것이다.】

☞ 노자는 1장에서 차양자此兩者 동출이이명同

出而異名이라며, 유는 무에서 나왔고 결국엔 유는 무로 환원된다고 했다. 그 근원은 도일 뿐이다. 무無인 도에서 유로 나와 다시 무인 도로 돌아가므로 유나 무나 도의 같고도 다른 모습이라고 말한 바 있다. 이 장은 유와 무에 대한 추가적인 설명으로 볼 수 있다. 유·무를 어렵게 생각하지 말라는 듯이, 천지나 당시 실생활의 도구나 유와 무가 근본은 같다는 것을 비유하며 말하고 있다. (무의 쓰임은 유에 의존할 수밖에 없다. *이석명)

여백이 있으므로 새롭게 채울 수 있고 용도를 만들어낼 수 있을 것이다. 가득 채운다는 것은 그걸로 끝이다. 다시 무얼 채울 수 없다. 마음도 비워야 생기를 재충전할 수 있다. 인간이 만들어내는 기물의 형체는 인간을 위한 쓸모의 필요성에 따른 것이다. 만물이 무에서 유가 생겨났듯이 작게는 인간이 만든 물건인 수레의 바퀴(바퀴의 중심과 외곽 원형구조물 사이의 내부 공간을 부챗살처럼 살대로 지지하므로. 이 구조가 지지력이 더 강하다.), 그릇, 방 등의 형태에서 비어 있는 공간(무)이 쓸모를 창출하고 있지 않은가?

수레의 바큇살이 30개인 것은 고대의 고급 수레바퀴에 이 숫자를 적용했듯, 30일이 한 달인 것을 본떴다고 한다. 최진석은, 왕필의 무는 유의 통일성, 합리성의 근거(무가 유의 근거가 됨)이지만 노자에게는 무와 유가 대등하므로 차이가 있다고 한다. 김학목은, 왕필의 유와 무를 체體와 용用으로 파악하는 것은 오해라고 하고 있다. 사람들의 의식에 대상화됨으로써 드러난 유가 절대적인 것이 아니라 단지 무에 의해 상대적으로 성립된 것에 지나지 않는다는 것. 유는 의식 활동이 개입됨으로써 사물로 명확히 드러난 것에 대한 이유이고, 무는 의식 활동이 개입되지 않음으로써 사물로 드러나지 않은 것에 대한 비유라고 한다.

12. 감각은 본성을 해친다

五色令人目盲 五音令人耳聾 五味令人口爽 馳騁畋
獵令人心發狂 難得之貨 令人行妨 是以聖人 爲腹
不爲目 故去彼取此
(오색영인목맹 오음영인이농 오미영인구상 치빙전렵영인
심발광 난득지화 영인행방 시이성인 위복불위목 고거피
취차)

【오색(현란한 색 *이석명)은 눈을 멀게 만들고
오음(시끄러운 음악 *이석명)은 귀를 먹게 하고 오
미(자극적인 음식 *이석명)는 사람의 입맛을 잃게
만든다. 말을 타고 달리며 사냥하는 것(과격한
스포츠 *이석명)은 사람을 미치게 만든다. 얻기
어려운 재화는 사람이 가야 할 길을 방해한다.
그래서 성인은 배를 채우는 정도이지, (그 이상)
눈에 (좋아) 보이는 것에 혹하지 않는다. (감각을
충족시키려 무엇을 살피고 찾아다니지 않는다.) 그러므
로 감각에 의지하지 않고 다르게 행한다.】

☞ 보기에 좋은 경치·장소·물건을 찾아다니는 것은 사람들의 눈을 어지럽게 하고, 귀에 혹하는 음악을 듣는 것은 귀를 멀게 하고, 맛있는 것만 골라 먹으면 입맛을 잃게 한다. 말을 타고 질주하며 사냥하는 모습(당시의 고급 취미)은 그 행위를 하는 사람 또는 그 짓을 부러워하는 사람을 미치게(지나치게 몰입하게, 현혹) 한다.(반대로 증오하는 마음을 일으킬 수도 있을까?) 귀한·많은 재화는 모든 사람이 다 가질 수 있는 것이 아니어서 얻기가 어려운 것이므로 사람들의 욕심을 불러일으킨다. 사람들이 올바로 가야 할 길을 방해한다.

성인은 기본적인 의식주를 해결하기 위한 최소한(검소한)의 삶을 살 뿐이지 화려한 것, 좋은 음악, 맛있는 것, 불필요한 취미·놀이를 탐하지 않는다. 3장에서도 '성인의 가르침이란 마음을 비우게 하여 배를 채우도록 하고, 뜻을 세우게 하지 않아 뼈를 강하게 만든다'고 했었다. 인간 육체의 자연적인 상태를 유지하는 기본적인 조건은 그것이다. 본문에 따르면 거피취차去彼取此에서 버릴 것(去)은 오색, 오음, 오미, 얻기 어려운 재화 등에 혹하는 것이고, 취할 것은 좋아 보이는 것에 혹하지 않는 것이다. ('눈'을 버리고 '배'를 취한다. *이석명)

오색, 오미, 오음으로 표현하고 있는 인간의 감각은 한편으로는 육체의 생존에 필요한 요소다. 감각이 무뎌지면 위험에 대비하기가 어렵다. 그러나 적정한 감각 기능이 위험을 줄이는 것이지, 생존 필수 한계 이상의 과도한 감각에 시달리면 인간 육신은 손상을 입기 쉽다. 유한한 인간의 삶에서 짧은 쾌락에 반비례하는 영혼의 오염, 또는 현대의 자원 부족과 환경 오염 등을 생각해 봐도 생존하기 위한 최소한의 삶의 행위 그 이상은 바람직하지 않을 것 같다.

13. 자기를 아끼듯이 천하를 아낀다면

寵辱若驚　貴大患若身　何謂寵辱若驚　寵爲下　得之
若驚　失之若驚　是謂寵辱若驚　何謂貴大患若身　吾
所以有大患者　爲吾有身　及吾無身　吾有何患　故貴
以身爲天下　若可寄天下　愛以身爲天下　若可託天下
(총욕약경　귀대환약신　하위총욕약경　총위하　득지약경　실
지약경　시위총욕약경　하위귀대환약신　오소이유대환자　위
오유신　급오무신　오유하환　고귀이신위천하　약가기천하
애이신위천하　약가탁천하)

【총애받아도 치욕을 당해 놀라는 듯이 하고(총
애와 치욕은 지배자들의 무력시위를 보여줌이요 *기세
춘), 큰 환란을 오히려 내 몸같이 소중하게 여
겨 처신해야 한다.(귀인이 큰 환란을 당함은 스스로
출신出身했기 때문이다. *기세춘) 그것은 무엇을 말
하는가?(총애와 치욕이 무력시위라 함은 무엇을 말하
는가? *기세춘) 총애라는 것은 (하등의 것이니 *최
진석) 누군가의 아랫사람에게 하는 것이니(총애
는 아랫것들을 다스리는 수단이니 *기세춘) 총애를

받아도, 잃어도 놀라는 듯이 하라는 것이다. (총애를 얻는 것도 잃는 것도 모두 무위를 과시함이다. *기세춘) 큰 환란을 당한 것을 내 몸처럼 귀하게 여긴다는 것은 내가 있어서 환란이 있는 것이니 내가 없다면 환란이 있겠는가?(귀인의 큰 환란이 입신출세에 있다함은 무엇인가? 내가 큰 환란을 당하는 까닭은 나를 위해 출신했기 때문이다. 내가 출신하지 않았다면 내 어찌 그런 환란을 당하겠는가? *기세춘) 자기를 귀하게 여기듯이 천하를 귀하게 여기는 자라면 그에게 천하를 맡길만하고, 자기를 사랑하듯이 천하를 사랑하는 그에게는 천하를 부탁할 만한 것이다.(천하를 위하는 것보다 제 몸을 더 위한다면 그대에게 천하를 맡길 수 있다. 그러나 제 몸을 바쳐 천하 위하기를 좋아한다면 어찌 천하를 맡길 수 있겠는가? *이석명)】

☞ 해석하는 이들의 여러 생각과 표현이 달라서 쉽지 않다. 총은 윗사람의 신임을 얻는 것인가, 승진하는 것인가? 욕은 신임을 잃은 것인가, 직위가 낮아지거나 쫓겨나는 것인가? 모두 가능한 해석인 듯하다. 글의 흐름에 따라

이해해 보려 한다. 총애받아 봐야 남에게 평가를 당하는 입장이다. 총애란 타인의 의지이며 상당 부분 내가 모욕받아도 참고 인내한 대가이다. 총애를 베푸는 이는 변덕이 심한 경우가 많으므로 나를 대하는 마음이 언제 나쁘게 바뀔지 모른다. 총애와 모욕(버림받는 것)은 동전의 양면과 같이 붙어 있는 것이다. 과연 좋다고만 할 일인가? 조직에 속한 이는 알 것이다. 이 총애를 유지하려는 수고가 상당한 스트레스의 원흉이다. 부하는 일편단심일지 몰라도 상사는 그러기 어렵다. 상사는 부하의 마음만을 살펴볼 수 없는 위치에 있기 때문이기도 하다. 어쨌건 변화무쌍한 사람의 마음에 의지하는 것이기에, 아랫사람 처지에서는 좋다가도 나쁠 수가 있으므로 항상 신중하고 삼가야 한다.

'자기 몸을 아끼듯 천하를 위하라'(*김학목은 자신을 천하로 여김, 즉 물아일체라고 함.)는 것도 가능한 해석이다. 자기 몸을 귀하게 여기는 사람은 기본이 되어 있으니 훌륭하다. 제 몸·몫만 챙기라는 것이 아니라 함부로 처신하지 않는다는 의미가 아닐까? 이석명은, 정치에 임하는 사람은 근심 없는 것이 바람직하지 않다고 한다. 태만해지기 때문이라는 것. 몸이 있기 때문에 '소중한' 근심이 생기니 몸을 중시해야 한다는 반어적 표현으로 보고 있다. 한편, 환란이 있는 것은 내가 존재하고, 사심으로 나를 위해 처신하기 때문에 겪는 일이다. 내가 없다면 환란을 당하겠는가? 하지만 기왕 이 세상에 온 나의 존재를 아끼는 것은 당연하다. 여기서 '아낀다'는 뜻이 보신保身이 아님을 알 수 있다. '공평하게, 신중하게 처신함'일 것이다. 자기를 위하듯이 세상을 사랑하는 인격자는 충분히 지도자가 될 만하다. 한 개인으로서도 만약 자기가 도를 깨달았다면 천하의 주인 될 자격이 있다는 의미도 가능하다.

14. 도는 홀황(황홀)하다

視之不見 名曰夷 聽之不聞 名曰希 搏之不得 名曰
微 此三者 不可致詰 故混而爲一 其上不曒 其下不
昧 繩繩不可名 復歸於無物 是謂無狀之狀 無物之
象 是謂惚恍 迎之 不見其首 隨之 不見其後 執古
之道 以御今之有 能知古始 是謂道紀
(시지불견 명왈이 청지불문 명왈희 박지부득 명왈미 차
삼자 불가치힐 고혼이위일 기상불교 기하불매 승승불가
명 복귀어무물 시위무상지상 무물지상 시위홀황 영지 불
견기수 수지 불견기후 집고지도 이어금지유 능지고시 시
위도기)

【본다고 해도 보이지 않으니 '이夷'(눈에 띄지
않음. / 땅속의 해 *기세춘 / 평이한 곳 *김학목)라 하
고, 들어봐도 들리지 않으니 '희希'(귓구멍에 들어
오지 않음. / 희미함. *기세춘)라 하고, 만져보려 해
도 만져지지 않아 '미微'(극히 작아 / 미세함 *기세
춘)라고 한다. 이 세 가지를 구별해서 세세히
알기 어려우므로(끝까지 따져볼 수 있는 것이 아니
다. *강신주) 전체(혼돈의 상태)를 하나라고 한다.

그 '하나'는 위로도 밝지 않고(이전도 아득히 멀지 않고 *이석명) 아래로도 어둡지 않으며(이후도 지극히 짧지 않다. *이석명), 실타래처럼 이어지는데(까마득하여 *이강수) 그 이름을 지을 수가 없다. 다시 만물이 없었던 곳(무물의 상태 *강신주)으로 돌아가니 이곳은 형태도 없었고 물체도 없었던 상태(모양이 없는 모양, 개별자가 없는 상 *강신주)라, 그것을 일컬어 홀황惚恍하다고(혼돈, 카오스 *기세춘) 한다. 앞을 봐도 머리가 없고, 뒤를 봐도 꼬리가 없다. 옛날의 도를 가지고 오늘의 현상을 깨달으면 그 모든 것의 처음을 알게 되니, 이것이 도를 (짐작하는) 실마리(규율 *소준섭 / 단서 *김학목)다.】

☞ 황홀하다는 말을 우리는 보통 '눈이 부시도록 찬란하여 지극히 행복한 상태'라고 이해한다. 국어사전에는 '빛이 어른어른하여 눈이 부심', '(사물에 마음이 팔려) 멍한 모양', '미묘하여 헤아려 알기 어려움'이라고 나온다. 황과 홀은 미묘하거나 흐릿하여 세세한 형상을 알 수 없

는 모양을 표현한다.

노자가 명명한 이夷, 희希, 미微와 홀황(또는 황홀) 등의 특수한 표현을 어찌 이해해야 할까? 노자가 말한 그대로 설명할 수 있을 것이다. 그것이 도의 모습이고 만물의 근원 또는 나타나는 모습이므로 도와 관련해서 상당한 의미가 있다고 보인다. (그것이 도와 관련해 할 수 있는 최선의 설명일지 모르겠다.) '이'는 아지랑이(에테르 같다고도 한다.) 같은 형태, '희(무성無聲의 세계 *이석명)'는 공간을 건너오지만 밀도가 희박해 고막에 자극되지 않는 소리, '미'(무색無色의 세계 *이석명)는 '이(무형無形의 세계 *이석명)'와 같은 형태라면(또는 물질의 최소단계인 미소립자의 세계라면) 만져질 수가 없을 것이다. 백서본에는 시지불견視之弗見 명왈미名曰微, 박지불득搏之弗得 명왈이名曰夷로 기록되었다고 하며 이것이 더 타당하다는 의견이 있다.(*최진석) 미微는 보이지 않는다는 것이고 이夷는 평평하다는 것이기에 그렇다는 말이다.

인간은 이, 희, 미의 상태를 감지하지 못해서 (단, 마음 수양을 통해 알 수 있다.) 알아채지 못하지만(불가치힐不可致詰. 그래서 분석하고 구분할 수 없어 하나로 뭉뚱그려 말한다. *이석명), 도는 이, 희, 미의 상태에 있으면서 이, 희, 미의 상태를 알아채기도 하는 주체다. 홀황은 물질의 씨앗을 담고 있지만 나타나지는 않은 상태, 황홀은 거기에서 물질이 나타나는 신묘한 현상이다. 황홀이란 있다고 말할 수도 없으나, 없다고 말할 수도 없는 궁극적 실재를 표현한 말이다.(*이강수) 이러한 것은 머리와 꼬리가 보이지 않는 것처럼 시작도 끝도 알 수가 없다. 어떻게 천지 만물이 나타났을까? 천지 만물이라는 유의 근원은 무(태초의 도)에서 나왔다. 세상을 거슬러 가면 태초의 도(무극無極의 상태)라는 것을 상정해야만 한다. 그렇게 도를 찾아갈 수 있을 것이다. 현대의 과학적인 분석도 역으로 소급해 가면서 우주의 시원(실마리)을 추정하고 있다.

15. 도에 통한 사람을 짐작해 보는 모습

古之善爲士者 微妙玄通 深不可識 夫唯不可識 故
强爲之容 豫兮若冬涉川 猶兮若畏四隣 儼兮其若容
渙兮若氷之將釋 敦兮其若樸 曠兮其若谷 混兮其若
濁 孰能濁以靜之徐淸 孰能安以久動之徐生 保此道
者不欲盈 夫唯不盈 故能蔽不新成
(고지선위사자 미묘현통 심불가식 부유불가식 고 강위지
용 예언약동섭천 유혜약외사린 엄혜기약용 환혜약빙지장
석 돈혜기약박 광혜기약곡 혼혜기약탁 숙능탁이정지서청
숙능안이구동지서생 보차도자불욕영 부유불영 고능폐불
신성)

【미묘하고 현묘한 도에 통한 옛사람(정치 지도
자를 의미 *이석명)의 (지혜의) 깊이를 대체 짐작조
차 하기 어렵다. 억지로라도 그 모습을 그려보
고자 한다면, 겨울에 냇물을 건너듯이 주저하
는 것처럼 보이고(신중하다. *소준섭), 주위를 두
려워 살피는 듯 망설이는 것처럼 보이고(이웃
나라의 공격을 대비하듯 경계하고 *소준섭 / 이웃을 두
려워하듯 신중하네 *이석명), 다 받아들일 듯 공손

하게 보이고(잔치의 손님처럼 공경하고 *소준섭), 얼음도 녹일 듯 어질고(시원시원하고 *소준섭 / 풀어져 있구나! 마치 녹아 가는 얼음과 같다. *최진석), 투박하기가(도탑기가 *최진석) 통나무 같고, 빈 계곡처럼 텅 비어 보이고(광활하고 *소준섭 / 휑하네 마치 텅 빈 계곡처럼 *이석명) 흐릿하기가 흙탕물 같다.(흐린 강물처럼 시비를 가리지 않는다. *소준섭 / 소탈하구나! 마치 흐린 물과 같다. *최진석). 누가 탁한 것을 가라앉혀 맑게 만들어줄 수 있을까? 누가 안정되게 오래도록(영구한 운동으로 *기세춘) 생명을 살릴 수 있겠는가?(고요한 것을 움직여 천천히 기운을 일으킬 수 있는가? *소준섭) 이 도를 보존하는 사람은 무엇을 채우려 하지 않음으로써 새롭게 이루지 않고 다 감싸는 것이다. (능히 쇠한 것을 새롭게 생성할 수 있다. *기세춘 / 도를 터득한 사람은 결코 자만하지 않기에 능히 갱신한다. *소준섭 / 채우고자 하지 않는다. 새롭게 이루는 것 없이 낡아갈 수 있다. *이경숙 / 오직 채우지 않기 때문에 자신을 너덜너덜하게 하지 특정한 모습으로 완성치 않는다. *최진석 / 낡아져도 새롭게 이루지 않는다. *이석명)】

☞ 한문이 참으로 미묘하다. 관점에 따라 이해가 달라지니. 특별한 해석에 대해서 비교해 보는 것은 옳고 그름을 살피려는 것은 아니고 해석하는 이의 여러 의견이 있음을 밝히고 싶어서다.

장자도 지극한 경지에 이른 옛사람(지인至人)을 이야기하고 있다. 여기서 옛사람은 도를 깨달은(도에 통한) 사람이다. 노자의 표현은, 도에 통한 옛사람이 약간 소심하고 좀스러운 듯 보일지라도 그 내면은 다르다는 의미를 담고 있다. 그의 언행을 보통 사람인 우리가 보기에는 이런 모습일 것이다. 굉장히 신중하고, 조심스럽고, 공손하고, 온화하고, 순박하고, 지혜의 깊이가 있으나 드러내어 거만하지 않고, 사태를 분별하지도 시비하지도 않으니 모호해 보였을 것이다. 감정적으로 오탁汚濁한 것을 받아들여도 흥분하지 않고 항상 안정되어 있을 것이다. 도통한 사람이라고 초능력자가 아닌바 특별한 용모와 눈에 띄는 태도·행위를 보였으랴? 그는 어떤 고정화된 특징으로 꼭 집어 말할 수 없는 사람이다. 예豫는 코끼리, 유猶는 원숭이를 가리키는데 의심이 많은 동물이어서 망설이는 모습이라고 한다. 유예한다는 단어처럼.(*최진석) 최진석에 의하면 손님이라는 말은 무와 유가 서로를 의식하는 손님이라는 것이다. 모두가 주인으로 군림하면 조화가 어려우므로 손님은 진중하고 묵직하다. 통나무는 가공·오염되지 않은 순박함(인위가 가해지지 않은 질박함)의 표현이다.

사람이 생명을 부여받아, 지구라는 이 특수한 환경 속에서 생존하기 위하여 많은 것을 육체와 정신에 쌓게 되어 있다. 몸은 대부분 무엇인가 생명에너지의 희생으로 이루어진 것이고 정신은 생존을 위한 감각과 투쟁을 통해 우리 잠재의식에 무수한 흔적을 남겨 놓는다. 그러나 내면으로 이러한 흔적을 소거해 가는 정신적 수양을 통해 경지를 높일 수 있다는 것이 성인들과 선인先人, 선사禪師들의 가르침이었다.

노자와 장자는 그러한 구도의 과정과 최고의 경지를 이야기하고 있다고 생각해 본다. 지극한 경지에 이른 자는 감각에 흔들리지 않고 틀에 묶이지 않으면서 만물 어느 것에도 치우치지 않는 안정되게 보여지는 모습일 것이다.

마지막 문단은 논란이 많다. 여러 논의를 제하고 이렇게 생각해 본다. 탁한 물도 서서히 가라앉히면 맑아진다. 생명은 안정되면 오래도록 살아갈 수 있다. 도를 보존하는 사람은 그렇게 한다. 새롭게(일부러) 채우거나 새로이 이루려는 것이 아닌 채로 그냥 자연스럽게 사라져갈(퇴색해져, 낡아갈, 늙어갈) 뿐이다. (도를 지닌 이는 동動과 정靜을 조화하여 채움을 지향하지 않는다. 동의 채움이 지나친 혼탁, 정이 지나친 것은 죽음이다. 낡음도 소멸함도 없으니 새롭게 함도 이룸도 없을 것이다. 그는 이를 초월한 사람이다. *이석명)

16. 마음을 비우고 고요히 하면

致虛極 守靜篤 萬物竝作 吾以觀復 夫物芸芸 各復
歸其根 歸根曰靜 是謂復命 復命曰常 知常曰明 不
知常 妄作凶 知常容 容乃公 公乃王 王乃天 天乃
道 道乃久 沒身不殆
(치허극 수정독 만물병작 오이관복 부물운운 각복귀기근
귀근왈정 시위복명 복명왈상 지상왈명 부지상 망작흉 지
상용 용내공 공내왕 왕내천 천내도 도내구 몰신불태)

【마음을 온전히 비워서 고요함을 깊게 유지할
수 있으면(고요함 지키기를 돈독히 하라. *이석명 /
텅 빈 상태를 유지해야 오래 가고 *최진석) 만물이
어울려(다 함께 번성한다. *최진석) 생겨난다.(생겨나
는 이치를 안다.) 나는 그렇게 (원래로) 돌아간다는
것을 안다. 사물이라는 것은 생겨나서 성장했
다가 근본으로 돌아가는 것이다. 뿌리로 돌아
감을 정靜(고요한 원래의 상태)하다고 하며 이것을
복명復命(생을 부여받기 이전 상태로 돌아감)한 것이
라고 한다. 복명이란 상도(常. 변함없는 이치)다.

이 상도를 아는 것이 밝음(明)이다. 이 상도를 모르면 망령됨에 빠지는 것이다.(제멋대로 나쁜 일을 하게 된다. *최진석) 상도를 알아야 만물을 포용하게 되고 공변共繃함(만물에 두루 보편적인 도를)을 안다. 공변함을 앎으로써 우뚝 서게 되고 (왕 노릇을 할 수 있다. *최진석 / 공정하면 왕이 되고 *이석명) 그리하여 하늘에 닿고, 하늘에 부합함으로써(왕 노릇을 하는 일이 곧 하늘에 부합하는 일이며 *최진석 / 왕이 되면 자연과 하나가 되고 *이석명) 도에 이르고 도는 영원하다. 그럼으로써 죽을 때까지 위태롭지 않게 된다.】

☞ 이 장도 '군주를 위한 철학'이라고 해야 할까? 의구심이 생긴다. 그러나 다수 전문 연구자·철학자들의 의견은 그렇다고 한다. 마음을 완전히 비운다면(치허극致虛極) 무엇에 흔들리지 않고 안정될 것이다. 이기심과 집착이 사라지면 맑고 고요해질 것이다.(수정독守靜篤) 그런 경지에 이르면(복명復命) 세상 만물의 생성과 순환에 대한 불변의 이치(상常)를 깨닫게 될 것이다

(명明). 일체 만물이 나와 다르지 않음을 알고 편견이 사라진다(공公). 죽간본에는 지허至虛 항야恒也 수중守中 독야篤也라고 쓰였다고 한다.(*최진석) 중中은 치우치지 않고 대립되는 양쪽을 모두 거머쥐고 있는 상태라고 한다. 앞 15장의 예혜豫兮 유혜猶兮 엄혜儼兮 환혜渙兮 돈혜敦兮 광혜曠兮 혼혜混兮처럼 양쪽을 다 놓지 못하는 것처럼 어정쩡해 보이는 모습이 아니라 두루 포용하는 모습이라는 것이다. 치허극, 수정독은 깨달음으로 가는 수행이다. 마음을 완전히 비우고, 동요하지 않는 것. 이를 위해 외부와 단절하는 공부가 색태塞兌와 폐문閉門이다.(*52장) 감각의 차단을 말한다고 볼 수 있다. 깨달음으로 인해 나의 정신은 속세에서 벗어나 우뚝 일어설 수 있다. 만일 우리가 왔던 그 근본으로 다시 돌아갈 수 있다면 변함없이 영원한 도의 세상에 회귀하는 것이리라. 지극한 허정한(다 비우고 고요히 안정된) 상태에서는 이 명백한 이치(하늘의 뜻)를 깨닫게 되므로 육신뿐만이 아니라 처세에서도 망령됨에 빠지지 않을 수 있을 것

이다. 『노자』에서 천, 천지, 천지자연 등은 도 또는 '도가 발현된 자연'을 지칭하는 것으로 생각된다.

지상용知常容 용내공容乃公 공내왕公乃王 왕내천 王乃天 천내도天乃道 도내구道乃久에서 용, 공, 왕을 어찌 봐야 할까? 이경숙은 용을 위태롭지 않음, 공은 벼슬, 왕은 군주라고 보고 있다. 다른 의견은, 용은 받아들임(수용) 또는 모습, 공은 공평함, 왕은 으뜸이다. 공보다 왕이 오래가는가? 하지만 여기서 벼슬의 의미가 낯설기는 하다. 왕은 대립되는 국면을 공평하게 다루고 조절하는 위치이다.(*최진석) 도의 '상常의 이치'를 알면 두루 만물에 펼쳐지는 도의 작용을 알게 되고 그것이 하늘의 근본이며 도는 영구하다는 정도의 이해면 충분할까? 결론은 도를 따르면 오래간다는 말이다.

17. 좋은 군주의 덕

太上 下知有之 其次 親而譽之 其次 畏之 其次 侮
之 信不足焉 有不信焉 悠兮其貴言 功成事遂 百姓
皆謂我自然
(태상 하지유지 기차 친이예지 기차 외지 기차 모지 신
부족언 유불신언 유혜기귀언 공성사수 백성개위아자연)

【가장 좋은 지도자는 아랫사람들이 그가 있는
지 없는지 모를 정도의 존재감을 주는 사람이
다. 그다음으로는 친밀하여 존경받는 사람이고
그다음은 두려워하게 만드는 사람이며, 그다음
은 업신여김당하는 사람일 것이다. 믿지 못하
게 되면 불신이 생긴다(통치자가 백성들을 믿지 않
기에 백성들도 통치자를 믿지 않는다. *최진석). 말의
소중함(말의 아낌이여 *최진석)을 생각해 본다. (자
기 자랑으로 내세우지 말고) 공을 이루고 일을 성취
함에도 백성들이 알기에는 저절로 일이 그렇게
된 것처럼 보이도록 하여야 한다. (백성들이 우리
는 본래 이렇다고 말한다. *소준섭, 최진석)】

☞ 한 나라의 흥망성쇠는 정치 지도자의 영향을 크게 받는다. 집단(국가)의 운이 개인의 운에도 관여한다. 한 사람 때문에 수많은 백성의 삶과 질이 좌우되니 군주의 자질이 매우 중요하다. 국가의 운에 백성의 운은 같은 궤도에 올라탄다. 그래서 노자가 군주를 위한 통치 철학을 펴게 된 것일지 모른다. 백성은 자기 삶이 편안하면 그걸로 충분하다. 요순시대에 백성들이 불렀다는 노래인 격양가擊壤歌의 전설처럼.(해 뜨면 일어나 논밭 갈고 해 지면 들어와 편히 쉬며 우물 파 물 마시니 임금의 힘이 어찌 내게 미칠 수 있단 말인가! *이석명 재인용)

백성은 정치 지도자의 언행을 살피고 있을 필요가 없다. 백성의 삶이 안정되길 바라니 '혹시라도 희망을 가질 수 있을까? 또는 내 삶에 위태로운 짓을 할까?' 지켜보는 것이다. 그나마 잘하는 일 몇 개라도 있으면 칭찬하고 믿음을 버리지 않겠건만. 백성들은 좋은 정치 지도자가 나타나기를 꿈꾸며 기대에 찼다가 실망하는 일이 예사다.(춘추시대에 죽임을 당한 임금이 36, 망한 나라가 52, 쫓겨난 제후가 헤아릴 수 없었다고 한다. *김충렬, 사마천을 인용.)

현대에도 말만 번지르르하고 국민이 이뤄낸 것을 제 것인 양 말하고 권력에 취해 대중을 천하게 취급하는 지도자가 태반이다. 노자나 우리나 이상적인 군주상을 고대하고 있다. 좋은 지도자(군주)는 왜 그토록 희귀한 것일까?

18. 도가 쓸모없다고 여겨지는 때에 이르면

大道廢 有仁義 慧智出 有大僞 六親不和 有孝慈
國家昏亂 有忠臣
(대도폐 유인의 혜지출 유대위 육친불화 유효자 국가혼
란 유충신)

【큰 도가 못쓰게 버려지면 인의가 나타나고
지혜와 지식이 나타나면 위선이 생겨난다. 육
친(부모·형제·처자)이 화합하지 않으면 효와 사랑
을 부르짖는다.(효자와 자애로운 부모가 나온다. *김
학목) 국가가 혼란하면 충신(곧은 신하. 죽간본은
正臣, 백서본은 貞臣 *이석명)이 생겨난다.(충신이 나
왔다. *김학목)】

☞ 사람들이 다투게 되니 현명함을 숭상하지
말라고 한 노자의 말에 이어 '인의와 충효가
왜 나타나는가?'를 반어적으로 말하고 있다. 말
은 그것이 지시하는 의미의 필요성을 드러낸다

고도 할 수 있다. 인의가 필요하니 인의를 부르짖고 충효가 필요하니 충효를 강조한다.(『장자』에서도 유가의 인의를 비판하고 있다.)

도 → 인 → 의 → 충·효, 지혜 → 위선이 차례로 나타난다. 순수했던 도가 오염되자 규제가 따르는 것이다. 도가 훼손되지 않고 살아있다면 인의를 강조할 필요가 없다. 지극한 경지의 도를 인간의 도리라고 한정해도 마찬가지다. 인도(인간의 도리)가 무너지니 제자백가의 사상이 나타났다. 지혜와 지식을 자랑하려고 거짓으로 포장한다. 가정이 화목하면 이미 효와 사랑이 충만한바 이를 부르짖을 필요도 없고 국가가 안정되면 충신이라는 말마저도 필요 없을 터.

백성들보다는 군주가 잘못하니 나라가 어지러운 것. 제자백가의 사상은 주로 정치에 대한 것이다. 노자도 그렇다. 백성은 나쁜 정치 아래서 목숨을 이어가고자 몸부림을 치는 것일 뿐. 그들의 고통을 줄이고자 바른 정치가 실행되어야 하는 것임을 노자는 말하는 것이리라.

19. 소박하고 과욕을 부리지 않아야

絶聖棄智 民利百倍 絶仁棄義 民復孝慈 絶巧棄利
盜賊無有 此三者 以爲文不足 故令有所屬 見素抱
樸 少私寡欲
(절성기지 민리백배 절인기의 민복효자 절교기리 도적무
유 차삼자 이위문부족 고령유소속 현소포박 소사과욕)

【고귀해지려는 의욕(또는 군주의 권위라는 것)을
끊어버리고(성인이라는 이상을 끊고 *최진석) 지혜
(지혜로운 자의 형상 *최진석)를 버려야 백성에게는
이로움이 백배나 커질 것이다. 어질어야 한다
는 집착을 끊어버리고 의로움을 버리면 백성이
다시 효와 사랑을 회복할 것이다. 재주를 부리
지 않고 이익을(기술과 편리함을 *기세춘) 추구하
지 않으면 도적이 없는 상태가 될 것이다. 이
세 가지(절성기지, 절인기의, 절교기리)는 문화(생활
의 규범)로 삼기에는(인위적인 것이니 *최진석 / 분별
적인 것이라서. 죽간본은 위변爲辨 *이석명) 미흡하지
만 (백성들이) 마음에 두고 의지하여 소박함을

간직함으로써 사심을 적게 하고 과한 욕심을 부리지 않도록 해야 한다.】

☞ 무언가 욕구(성스러움과 지혜라고 믿는 것. 또는 인과 의라는 가치관)를 가지고 백성을 다스리려 하는 것이 꼭 백성에게 유리한 것일까? 기교와 이해타산도 그렇다. 그런 것이 없다면 도적질이란 없을 것이다.(춘추 말기의 혼란한 사회 현상으로 도적이 창궐했다. *김충렬) 절성기지絶聖棄智는 죽간본에는 절지기변絶知弃辯으로 표기되었다고 한다.(백서본에서는 절성기지絶聖棄知 *이석명) '지식을 끊고 번지르르한 말을 버리면'이다. 절인기의絶仁棄義도 죽간본에는 절위기려絶僞弃慮로서 '거짓을 끊고 잔꾀를 버리면'이다.(*이석명)

성聖을 통치자인 군주(*기세춘)로 보면 '군주라는 권위'라고 해석할 수 있다. 이상적인 인간으로서 성인聖人의 이야기를 하면서 절성기지絶聖棄智의 성聖을 성인이라고 받아들이면 모순이다. 만들어진 선입관이나 가치관으로 이해해도 될 듯. 왕필의 해석은, 성聖과 지知는 재능이 훌륭한 것, 인의는 사람이 훌륭한 것, 교巧와 이利는 재화가 훌륭한 것이라고 하였다.(*기세춘 인용) 모든 사람의 역량이 같을 수 없다. 자신에게 없는 것만을 우대하는 세상이라면 그가 설 곳이 없으니 할 수 있는 것은 사회가 금지하는 불법적인 것뿐이다. 역량이 부족해도 소박함만으로 충분히 어울려 살 수 있는 사회가 되어야 한다. 묵자도 모든 백성에게 각기 다른 능력에 맞는 공정한 대우를 주장한 바 있다.

가장되지 않은 본래 그대로의 성품을 간직한다는 '현소포박見素抱樸(죽간본은 시소보박視素保樸, 소박함을 지향하다. *이석명), 사심을 줄이고 지나친 욕심을 버린다는 '소사과욕少私寡欲'은 사자성어四字成語가 되었다.

20. 구도의 도정에서

絶學無憂　唯之與阿　相去幾何　善之與惡　相去若何
人之所畏　不可不畏　荒兮其未央哉　衆人熙熙　如享
太牢　如春登臺　我獨怕兮　其未兆　如嬰兒之未孩　儽
儽兮若無所歸　衆人皆有餘　而我獨若遺　我愚人之心
也哉　沌沌兮　俗人昭昭　我獨若昏　俗人察察　我獨悶
悶　澹兮其若海　飂兮若無止　衆人皆有以　而我獨頑
似鄙　我獨異於人　而貴食母
(절학무우　유지여아　상거기하　선지여오　상거약하　인지소
외　불가불외　황혜기미앙재　중인희희　여향태뢰　여춘등대
아독박혜　기미조　여영아지미해　래래혜약무소귀　중인개유
여　이아독약유　아우인지심야재　돈돈혜　속인소소　아독약
혼　속인찰찰　아독민민　담혜기약해　료혜약무지　중인개유
이　이아독완사비　아독이어인　이귀식모)

【배움이 없었다면 근심도 없었으리라. '예'(그
렇다)와 '아니다'(동양고전DB에는 '아阿'를 사詞로 봄
이 옳다고 함. 기세춘은 예! 예?로 해석)가 서로 얼마
나 다를까? 또는 예! 공손한 대답과 응!이라고
하는 건성의 대답의 차이라고 한다.(*소준섭)

'좋음'과 '싫음'이 서로 얼마나 다른가? 사람으로서 두려워하게 되는 것을 (나도) 두려워하지 (백성들이 두려워하는 군주는 또 그 백성들을 두려워하지 *최진석 / 사람들이 두려워하는 사람, 그 또한 백성들을 두려워하지 *이석명) 않을 수는 없다. (마음이) 황망하여 아직도 안정(중심을 지킴)되지 않았구나. 많은 사람들이 즐거워하며 음식을 즐기는 듯 보이고, 봄날 누각에 올라 (경치를) 즐기는 듯하다. 나 홀로 드러나지 않게(고요히 미동도 않네 *이석명), 갓난아기같이 아직 웃을 기미도 없이 지쳐 돌아갈 곳도 없는 것 같다. 사람들은 여유로운데 나는 가진 게 없구나(부족하네 *이석명). 나는 어리석기 그지없다. 어둡고 어둡도다. 세상 사람들은 환한데(세상 이치에 밝은데 *이석명) 나는 암담하고, 세상 사람들은 잘도 살펴 (요령껏) 살아가는데 나 홀로 근심하고 있구나. 바다처럼 일렁이고 높이 부는 바람처럼 (흔들림이) 그치지 않는다.(홀연하네 드넓은 바다처럼 아득하네 끝이 없는 것처럼 *이석명) 사람들은 살아갈 이유가(쓸모가 *이석명) 있으나 나 홀로 미련하고 비

천하다. 나 홀로라도 다른 사람과 달리 만물을 먹여 살리는(유지시키는) 것(도 / 근본 *이석명)을 귀하게 여겨야겠지.】

☞ 백서본에는 '절학무우絶學無憂'가 앞 19장의 말미에 있다고 한다.(*최진석) 그러나 최진석처럼 이 장에 있는 것이 옳다고들 보는 편이다. '유지여아唯之與阿'란 표현은 독특하다. 절학무우絶學無憂에 이어진 글귀이므로 배워서 공손한 것과 배우지 못해 버릇없어 보이는 응대의 차이를 말하는 것이라고 볼 수 있다.

이 장을 읽으며 노자가 정말로 군주의 통치에만 관심을 가졌던 것일까? 생각해 본다. 최진석은 이 장이 도를 체득한 사람 즉 성인이 속세에 있는 모습을 묘사한 것이라 한다. '어리석은 사람'은 도가 철학에서 최고 경지에 오른 사람을 형용한다고 한다. 축 처져 있고 부족한 듯하고 모호하고 풀어진 듯한 모습이라는 것이다. 그러나 내가 보기에 이 장에 대해서는 두

가지 생각이 가능한 것 같다. 하나는 도에 뜻을 둔 노자의 인간적인 솔직한 소회일 수 있고, 다른 하나는 도를 깨달아가는 노자와는 다른 세속 사람들을 객관적으로 바라보는 생각이라는 것으로 나뉘는 것 같다. 앞엣것은 구도의 길에서 세태와 다른 것에 뜻을 두고 홀로 고뇌하는 처지에서 느끼는 인간적인 감상이며, 뒤엣것은 이미 도를 깨닫게 되었는바(혹시 완전히 대통하지는 못했더라도) 이제는 다시 세속에 동화할 수는 없는 노자의 입장인 것이다. 나는 위두 가지 의중이 섞여 있다고 생각한다. 한때도는 아닐지언정 세속과 다른 것에 뜻을 두고도시를 떠나 멀리서 세상을 바라볼 때의 심정과 너무나 같은 느낌이 들어서 이 글은 내 가슴에 스며든다. 엉뚱한 오해일지 모르지만, 노자도 그랬던가? 라는 공감·연민이 생긴다.

첫째, 아직 구도자의 도정에서라면. 중인衆人이 깨닫지 못한 것을 나는 앎으로써 그들과 다른 근심이 생긴다. 나는 도를 추구하는데 세상은 나와 달리 생각 없이 잘 돌아가는 듯한 느낌이다. 예의·무례, 선·악과 같은 것들이 다 무엇이란 말인가. 사람들은 즐겁고 맛있는 것 먹어가며 좋은 경치를 구경하며 살아갈 뿐이다. 그들은 요령껏 나와 같은 고민을 하지도 않고 잘 살아가는데 나는 바보처럼 이러고 있으니. 그래도 나는 도를 찾아가는 마음을 잘 간직해야지. 이러한 다짐은 아닐까? 도를 깨달아 세상과 인심을 담담하게 바라볼 수도 있으련만, 아직은 노자의 마음이 그랬던가 보다. (장자와 달리 노자에 대해서는 세상을 바로잡아 보고자 하는 의욕을 보이고 있고, 위와 같은 감정적 표현 때문에 도를 미처 깨닫지 못한 것이라는 평가가 있기도 하지만 나는 그렇게 단정 짓고 싶지 않다. 그의 인간적인 고뇌가 진실로 마음에 와닿는다.)

둘째, 반면에 도를 깨달은 노자의 입장이라면 세속인과 달랐을 것이다. '남들은 희희낙락 즐거운데 나는 다른 분위기의 별다른 사람만 같다. 남들에게는 미련하거나 위태롭게 보일지 모른다. 겉으로는 감정도 없이 담담한 듯해도,

속으로는 외로이 근심하는 사람처럼 볼 수도 있을 것이다. 그러나 나는 속세에 매이지 않는다. 고집스럽게 세상의 표피적 삶보다 소중한 도를 귀히 간직하고 있을 뿐'으로 해석할 수 있지 않을까? 도를 조금이라도 깨닫게 되는 사람은 누구든 그럴 수밖에 없을 것이다. 진실을 알게 되면 다시 반복되는 속세의 삶으로 돌아갈 순 없으리라. 영화 '매트릭스'의 네오처럼 빨간약(현재의 삶이 가짜임을 깨닫게 되는 약)과 파란약(현재의 환상 속의 삶을 벗어나지 않게 되는 약) 중 빨간약을 선택한 것과 같다고 할까?

21. 만물이 드러난 이치

孔德之容 唯道是從 道之爲物 唯恍唯惚 惚兮恍兮
其中有象 恍兮惚兮 其中有物 窈兮冥兮 其中有精
其精甚眞 其中有信 自古及今 其名不去 以閱衆甫
吾何以知衆甫之狀哉 以此
(공덕지용 유도시종 도지위물 유황유홀 홀혜황혜 기중유
상 황혜홀혜 기중유물 요혜명혜 기중유정 기정심진 기중
유신 자고급금 기명불거 이열중보 오하이지중보지상재
이차)

【큰 덕의 모습(사람 *이석명)은 오직 도로 말미
암아 좇아 나오는 것이니 도가 만물에 행함을
보라. 찬란하고 미묘하기가 그지없다. 홀惚하고
황恍한 것에(분명하게 드러나지 않은 상태에) 형상이
있고 황하고 홀한 것에 만물을 간직하고 있다.
깊고도 아득하다. 그것에 정기가 있도다. 그 정
기가 참으로 심오하며(참되어서 *최진석) 거기에
이치(믿음)가 있다. 예로부터 지금에 이르기까지
(도로부터 덕으로 드러난) 만물은 이름(명名)으로써

- 113 -

사라지지(이름이 떠나지 *최진석) 않았다. 만물이 그로부터 기원하였다. 내가 천하 만물의 시원을 어찌 알겠는가? 이렇게 (도와 덕을 헤아려서) 알고 있을 뿐이다.】

☞ 중보衆甫를 '만물의 처음'으로 해석하고들 있다.(백서본에는 衆父 *이석명) 만물은 비어 있는 공간에서부터 나타났었다. 황하고 홀한 것은 보이지 않고 흐릿한데 아무것도 없다는 말은 아니다. 황은 너무 밝아서 흐릿해진 상태이고 홀은 어둠 속에서 흐릿해진 상태이다. 없다는 차원에서 보면 홀하고 있다는 차원에서 보면 황하다.(*최진석) 도가 있는 것도 아니고 없는 것도 아니기 때문이다.(*최진석의 성현영 해석 인용) 거기에서 유有가 생겨난다. 그래서 참으로 묘하다. (불교에서는 진공묘유眞空妙有라고 표현한다.) 이런 방식이 도의 행함이다. 기중유정其中有精 기정심진其精甚眞에서 정精에 대해 본질, 정수, 정기, 생명력 등으로 이해하나 최진석은 도가 허구적 관념이 아니라 실제로 있는 참된 존재

이고 미더움이 있기에 정情으로 써야 한다고
한다.

도가 만물에 드러난 것이 덕(인도人道 *최진석)이
다. 도는 뿌리이고 덕은 잎이라고 비유하곤 한
다. 도는 만물에 덕으로서 내포되어 있다. 도가
만물에 베풀어진 것이므로 덕이다. 덕이라는
글자에 은혜, 공덕이 '베풀어짐'이라는 의미를
담고 있다. 우주의 심연 속에서 만물이 나타나
는 모습은 찬란하고 미묘하다. 이것이 참된 이
치다. 과학적으로도 우리는 이렇게(우주 공간 원
소 → 물질의 형성) 알고 있다. 불신할 이유가 없
다. 도가 덕으로서 물질에 전개되고 만물을 분
별할 수 있었다. 그렇게 도는 사라진 것이 아
니다. 만물의 기원이 무엇인지 헤아려보고자
한다면 어찌 아는가? 노자는 도와 덕의 관계를
헤아림으로써 알 수 있었다.

22. 도가 작용하는 이치

曲則全 枉則直 窪則盈 弊則新 少則得 多則惑 是
以聖人抱一 爲天下式 不自見故明 不自是故彰 不
自伐故有功 不自矜故長 夫唯不爭 故天下莫能與之
爭 古之所謂曲則全者 豈虛言哉 誠全而歸之
(곡즉전 왕즉직 와즉영 폐즉신 소즉득 다즉혹 시이성인
포일 위천하식 불자현고명 불자시고창 불자벌고유공 불
자긍고장 부유부쟁 고천하막능여지쟁 고지소위곡즉전자
기허언재 성전이귀지)

【굽혀야(치우치면 *기세춘 / 구부리면 *최진석) 온
전해지고 구부림으로써 펼 수 있는(휘면 펴지는
*최진석) 것이다. 오목해야 채울 수 있고 낡으면
다시 새로워질 수 있다. 작아야(줄이면 *최진석)
얻기 쉽고 많이 가지려(늘리면 *최진석) 현혹된
다. 성인은 유일한 도를 간직하여 천하를 위한
기준(천리天理 *기세춘)으로 삼았다.(천하의 앙치기
가 된 것 *강신주) 스스로 드러내지 않기에 '밝
음'이고(밝게 나타나며 *이석명), 스스로 옳다고 하

지 않기에 옳음이 드러난다. 스스로 공덕을 자랑하지 않아 오히려 공덕이 있고, 자만하지 않기에 (공덕이) 으뜸이다.(우두머리가 될 수 있다. *이석명) 그저 다투려 하지 않기에 천하의 그 누구라도 그와 다툴 수가 없었다. 예로부터 이른바 "굽히면 온전해진다"라고 하는 것이 어찌 헛소리겠는가. 진실로 온전해지면 (천하가 도로) 되돌아가게 된다.(모든 일이 거기로 귀결된다. *최진석 / 진실로 온전함이 그에게 귀속되는 법 *강신주)】

☞ 유연함이야말로 도의 특성이다. 경직되고 날카로운 게 아니다. 뛰어오르려면 먼저 무릎을 굽혀야 하고 비어야 채울 수 있다. 모든 현상과 사물은 오직 그것뿐이라고 할 수 없는 유일한 특성만을 가진 것은 아니기에 그 이면은 상호 보완적이며 또는 음양의 조화를 이루어 존재한다. 화和라는 말은 '내게 없는 것을 받아들여 보완한다'는 의미다.(*김충렬) 비워야 채워지는 것은 도 역시 마찬가지다. 이면적이거나 보완적이라는 뜻은 서로 다툰다거나 대립한다

는 것이 아니라 '저것이 있기에 이것도 있다'는 말이다. 도는 세상 만물이 존재하는 근원이고 이치다. 도에서 나와 도로 돌아간다고 할 것이다.

굽혀야 온전해지며, 투쟁하지 말라는 노자의 권고를 어떻게 받아들여야 할까? 어떤 사태에 경직되지 말라는 의미와 상통할 것 같다. 고지식하다는 말이 신념이 강하다는 말과 같다고 생각하는가? 어린아이와 같은 유연성은 어떻게 생각해야 할까? 생각이 고착되어 막혀있는 것은 장점이 아니다. 그렇다고 미꾸라지처럼 요령을 잘 피우라는 의미도 아니다. 속세의 삶에서도 신념과 유연함의 경계가 참으로 어렵다. 비인간적인 것을 신념이라고 단단히 포장하는 사람이 너무 많다. 이상한 사상이나 종교관으로 무장한 사람을 객관적으로 보면 깨닫게 된다. 남에게 해를 끼치는 것은 신념이 아니라 망념이라는 것을. 평범한 인간으로서 나의 정당한 신념을 지키되 상황에 따라 이를 잠시 마음에 간직하되 유연하게 처신하는 것이 최선이다. 『노자』에서 '어린아이같이'라는 말은 '본래의 도와는 다른 사심(『장자』의 성심成心 같은)과 선입관으로 아직 때 묻지 않은' 것이라 봐야 할 것이다.

굽혀야 온전해진다는 곡즉전曲則全은 옛날부터 전해진 말이라고 하니 옛사람들도 뻣뻣한 생각의 태도가 지혜롭지 않다고 알고 있는 것이다. 나의 이기적인 자아와 고착된 선입관이 세상과 또는 도와 다투게 만드는 원인이다. 그래서 도를 찾아가려면 에고를 버리는데 성심誠心을 다 해야 한다고 한다.

23. 도에 따라 행함

希言自然 故飄風不終朝 驟雨不終日 孰爲此者天地
天地尙不能久 而況於人乎 故從事於道者 道者同於
道 德者同於德 失者同於失 同於道者 道亦樂得之
同於德者 德亦樂得之 同於失者 失亦樂得之 信不
足焉 有不信焉
(희언자연 고표풍부종조 취우부종일 숙위차자천지 천지
상불능구 이황어인호 고종사어도자 도자동어도 덕자동어
덕 실자동어실 동어도자 도역락득지 동어덕자 덕역락득
지 동어실자 실역락득지 신부족언 유불신언)

【'(들어보려 해도 들리지 않는다' 또는 '들을 수 없는
것을 듣는 존재'를 말하는 도에 대한) '희'라는 표현
은 자연스러운 것이다. (말을 아끼고 저절로 그러함
에 맡기라. *이석명 / 말이 없는 것이 자연스런 것이다.
*최진석) 회오리바람은 아침나절을 넘기지 않고
소나기는 종일 내리지 않는다. 누가 이렇게 하
고 있는가? 천지가 그렇다. 천지도(자연의 현상
도) 이처럼 영구하지 않거늘 하물며 사람이랴?
그러므로 도에 따라 일을 도모하는 것은 도와

같아지는 것이다. 덕이라는 것도 (덕에 따라 함께 하면 덕을) 얻는 것이요 잃으면 잃는 것이다. 도와 같아진 자(도를 얻은 자)는 도 역시 즐거움을 얻는 것이고(도의 즐거움을 얻는 것이고) 덕과 같아진 자에게는 덕도 역시 즐거움을 얻는 것이다. (도와 덕을) 잃은 자는 (도와 덕을) 기꺼이 잃어버리는 것과 같다. 믿음이 없으면 불신이 생긴다.】

☞ 해석에 이견들이 다양한 희언자연希言自然이라는 말은 '자연에 대해서는 말로 설명할 수 없는 속성이라는 뜻'을 내포하고 있다고 생각한다. 도라는 것은 있는 듯 없는 듯 알아채기 어려운 가운데 스스로 드러나지 않게 존재하고 있다. 자연도 그러하다. 억지를 부리지 않는다. 회오리바람이나 소나기도 온종일 불고 내리지 않는다. 천지자연도 영구하지 않고 변화하며 순환한다. 사람인들 다를까? 따라서 사람은 변화 속에서, 나와 내가 속한 세계의 근원인 도를 추구해야 하는 것이다. '이황어인호而況於人

乎'의 사람(人)을 군주로 보는 해석이 있다.(*소준섭) 폭정은 오래가지 못하므로 군주가 도를 따르면 민심을 얻는다는 것이다. 당연히 군주도 도를 따라야 할 사람 중 하나다. 최진석에 의하면 광풍과 폭우는 일정한 목표를 향해 미친 듯이 내달리는 모습이라, 인간이 설정한 의미 체계나 가치의 체계 혹은 제도와 같이 문화화된 것들도 유한한 것이다.

도와 덕을 얻으면 즐거운 일이다. 해석의 논란이 있는 '동어도자同於道者 도역락득지道亦樂得之 동어덕자同於德者 덕역락득지德亦樂得之'는 '도를 얻어서 도와 함께 도를 누리는 것, 덕을 얻어서 덕과 함께 즐거운 것'으로 이해해 보고자 한다. 또한 '동어실자同於失者 실역락득지失亦樂得之'를 '잃어버린 자는 도와 덕을 쉽게(기꺼이) 잃어버린 것'으로(반어적으로 '도와 덕을 잃는 것이 어찌 즐거우랴?'. 즉 도를 잃어 즐거움도 잃어버린 것) 생각한다. 김학목은 왕필의 해석으로 '그대로 따라서 행하므로 똑같이 된다(응한다)는 것'이라 한다. 이석명은 '얻음에 힘쓰는 사람은 얻음과 하나가 되고, 잃음에 힘쓰는 사람은 잃음과 하나가 된다'고 해석한다. 도와 덕을 얻는 이(주체)나 그가 얻고자 했던 목표인 도의 입장에서도, 누군가 도와 덕을 얻어가는(깨달아가는) 것(도 또한 그를 얻고, 도 또한 그를 잃는다. *이석명)은 다 좋은 일이다.(도가 좋고 나쁨을 분별하지 않는 것이지만 사람들이 본래의 훼손되지 않은 도를 회복해 가는 것이 좋은 거라고 생각해 보자.)

도와 덕에 대한 믿음이 없다면 불신이 생겨나는데 그것도 부자연스러운 것이리라. 불신도 인위적인 감정의 하나이기 때문이다. 사람은 천하 만물의 유일한 존재 원리인 도와 덕에서만은 믿음을 가져야만 한다.

24. 도를 아는 자의 처신

企者不立　跨者不行　自見者不明　自是者不彰　自伐
者無功　自矜者不長　其在道也　曰餘食贅行　物或惡
之　故有道者不處
(기자불립　과자불행　자현자불명　자시자불창　자벌자무공
자긍자부장　기재도야　왈여식췌행　물혹오지　고유도자불
처)

【발돋움으로(까치발로)는 (오래) 서 있기가 어렵
다. 겅중거리고 걸으면 (오래) 걷기가 어렵다.
스스로 (자기 의견을) 드러내려는 사람은 현명하
지(밝지) 못하다. 스스로 옳다 하는 자는 (자기
옳음을) 밝힐 수 없다. 스스로 공덕을 드러내는
자는 공덕이 없다. 자만하는 자는 존중받지(오
래가지) 못한다. 그것이 도에 있어서는 지나치게
많이 먹는 것(남는 음식 *이경숙, 최진석)처럼 쓸데
없는 행동이다. 만물은 그런 것을 싫어할 수
있기에 도를 간직한 자는 그렇게 처신하지 않
는다.】

- 124 -

☞ 도를 아는(깨달은) 사람은 어떻게 처신할까? 사람은 자연스럽게 걷는 것이 정상이다. 그런데 이상하게(발꿈치를 들고 서거나 갈지자로) 걸으면 정상 걸음이 아니므로 편하지 않다. '경중거리는(과跨)' 모습은 남보다 앞서기 위해 혹은 자신의 위세를 과시하는 과장된 몸짓이다.(*이석명) 스스로 드러내고자 애쓰는 사람은 까치발로 서거나 경중거리며 걷는 사람과 같이 불안정하고 이상하다.

도는 정상 여부를 뛰어넘어 이미 완전한 것이다. 인간이 흔히 하는 행위처럼 스스로 드러내고 과시하며, 천지 만물을 만들어낸 공덕을 자랑하지 않는다. 자만하는 사람도 마찬가지다. 굳이 더 먹지 않아도 될 음식을 꾸역꾸역 먹는 것이나 남아서 버리게 될 잔반殘飯과 같다고 할까. 탈이 나면 굶는 것만 못하다. 자기 자랑, 공치사, 자만하는 행위가 도의 입장에서는 비정상이고 불완전하며 불필요한 행위다. 도는 그 자체로 그대로 존재하고 있을 뿐인데 어리

석은 사람은 설레발을 치고 있다. 도를 아는
사람은 도처럼 무색무취한(이상하지 않은, 작위적이
지 않은) 처신을 해야 하는 것이다.

25. 억지로 도에 이름을 붙여보자면

有物混成 先天地生 寂兮寥兮 獨立不改 周行而不
殆 可以爲天下母 吾不知其名 字之曰道 强爲之名
曰大 大曰逝 逝曰遠 遠曰反 故道大 天大 地大 王
亦大 域中有四大 而王居其一焉 人法地 地法天 天
法道 道法自然
(유물혼성 선천지생 적혜료혜 독립불개 주행이불태 가이
위천하모 오부지기명 자지왈도 강위지명왈대 대왈서 서
왈원 원왈반 고도대 천대 지대 왕역대 역중유사대 이왕
거기일언 인법지 지법천 천법도 도법자연)

【모든 만물의 씨앗은 천지 이전부터 혼돈(카오
스) 속에 이미 간직되고(천지보다 앞서 살고 *최진
석) 있었다. (도, 혼돈은) 고요한 가운데 변하지
않고 홀로 우뚝 존재하였다. 두루 포용하면서
위태롭지 않으니 가히 천하 만물의 모태라 하
겠다. 그 이름을 알지 못하므로 자字(별칭으로 부
르기를) 도라고 표현하고(임시로 *이석명) 억지로
이름(속성)을 '크다'(대大)라고 붙였다. 큰 것은(크면 *이석명) 가는(죽는) 것이고 가면(죽으면) 멀어지고 멀어지면 되돌아온다. 그러므로 도도 크고 하늘도 크고 땅도 크고 왕도 큰 존재다. 네 가지 경계가 큰 것 중에 왕도 그렇다. 사람은 땅을 본받고, 땅은 하늘을 본받고, 하늘은 도를 본받고, 도는 자연을 본받는다.】

☞ 천지가 나타나기 전부터 만물의 근원을 품은 도라는 것은 존재하였다. 그것은 (우주의) 광막함 가운데 오직 홀로 우뚝 선 존재였다. 도만 유일했던 때라고 할 것이며 이를 카오스 상태의 우주라고 하거나 천지창조 이전의 처음이라고 표현할 수도 있다. 혼성混成은 카오스가 아니고 반대되는 두 대립항들이 서로의 존재 근거를 나누어 가지면서 꼬여 있는 상태라고 한다.(*최진석) 나는 무無도 유有도 아닌 상태(천체물리학에 대비해 보면 아직 에너지가 작용하지 않은, 물질로 태어나기 이전 암흑물질로서의 상태와 비슷한가?)로 있는 것이 아닐지 상상해 본다. 거기로부터 만물이 나왔다. 온 우주를 두루 포용하고

있는 그것은 이름을 도(천지 만물이 나타나고 순환하는 원리)라고 부르고 (천지 만물을 포괄하므로) 지극히 큰 존재라고 여겼다.

최진석은 독립불개獨立不改라는 말 때문에 도가 근원, 실체, 본체라는 초월한 독립적 존재로서 도가 '실체'라는 논란의 근거가 되나(왕필도 세계의 최종 통일성이며 본체로 보았다고 한다.), 세계는 반대되는 대립항들끼리의 상호 꼬임이기에 '주행이불태周行而不殆 가이위천하모可以爲天下母'하여, 온 우주에 관여하면서 어그러지지 않는다. 따라서 이 세계의 어미와 같은 역할을 하는 것이라고 한다.

노자는 소통을 위해서 억지로(그 본래의 진면목은 모르더라도) 도라고 쓰고(자字는 이름 대신 부르는 명칭 *이강수) 큰 것(大)이라고 이름 붙여보자고(크다고 말할 수 있을 뿐 *김충렬) 한다. 그 큰 것이 순환의 기점이다. 즉, 모든 것을 포용하는 광대한 도로부터 나와 도로 수렴하는 순환을 하고 있다는 것. 즉 모든 것은 도에서 나와 도로 돌아간다. 따라서 극한에 이르면 가고 멀어졌다가 돌아오는 것이 세상의 순리다.

큰 것은 천, 지, 자연이며 인간 세상의 왕(노자의 통치철학을 보여준다. *최진석)이라는 존재도 큰 존재이므로 하늘, 땅, 자연을 본받아 도를 행하여야 한다.(천도와 인도가 한 덩어리로 같이 움직이고 하늘과 땅도 전체 자연의 원리를 실현하면서 운행한다는 것이 노자의 생각이었다. *최진석) 나는 이렇게 생각해 본다. 인법(인간이 따르게 되어 있는 모범)은 지地이며, 지법(땅이 의지하는 모범)은 천天이며 천법(하늘이 따르는 모범)은 도이며 도법(도가 펼치는 기준)은 자연(스스로 그러한 것)이다. 즉, 땅에 의지하여 사는 인간은 땅이 행사하는 자연의 규칙에 따르고, 천지는 도가 펼쳐 놓은 세상이다. 도는 의도 없이 자연스럽게 처음부터 그러하였다.

군주(하늘에 제를 주관하는 천자로서 인간을 대표하는

존재 *이경숙)도 큰 것다운 처신을 해야 하는 것이다. 큰 것 중에 왕(지도자·통치자. 백서본, 죽간본은 王 *이석명)을 사람(人)이라고 하는 해석도 있다. 사람도 만물 중 가장 큰 존재이며 도를 본받은 처신을 해야 하는 것은 왕이나 사람이나 마찬가지다. 그러나 천·지·인·도·자연이 차별이 있거나 다른 것이 아니다. 모두 도로부터 나온 자연적인 것이다.

26. 가볍지 않은 처신

重爲輕根　靜爲躁君　是以聖人終日行　不離輜重　雖
有榮觀　燕處超然　奈何萬乘之主　而以身輕天下　輕
則失本　躁則失君
(중위경근　정위조군　시이성인종일행　불리치중　수유영관
연처초연　내하만승지주　이이신경천하　경즉실본　조즉실
군)

【무거움은 가벼움보다 뿌리가 깊은 것이며 침
착함은 조급함보다는 군주와 같은(주인 *이석명)
처신이다. 그래서 성인은 종일을 움직여도 수
레(치중輜重)를(무거운 것을 싣고 있는 *최진석 / 무거
움을 *이석명) 떠나지 않는다. 비록 부귀영화가
눈앞에 있더라도 편안하고(조용한 곳에서 *최진석
/ 시끄러운 여관 골목에 있더라도. 백서본 환관環館. *
이석명) 초연하다. 어찌 만 대 수레의 주인(백서
본 王 *이석명) 되어 천하에 가벼이 처신하랴?
가볍게 행함은 근본을 잃는 것이고 조급하면
군주(중심 *기세춘)의 자리를 잃는 것이다.】

☞ 신중하고 침착한 처신은 리더가 갖추어야 할 덕목이다. 치중輜重을 수레에서 무거운 짐을 내리지 않는다고 해석(*이경숙)하기도 한다. 성인이 무거움을 벗지 않는다는 뜻이라는 것. 짐을 실어둔 수레(*소준섭)나, 중요한 물품을 실어둔 수레를 벗어나지 않는다는 말도 된다. 이석명은 고대의 군주는 외출 시 마차에 짐수레를 달고 다녔다고 한다. 이는 경거망동함을 경계한 것이라는 의미다. 영관榮觀은 '좋은 경관을 보고도', 또는 '영화로움을 눈앞에 두고도(*소준섭, 이경숙)'라고 해석이 나뉘지만 행차하는 도중이라고 보면 경치를 보려고 수레를 떠나지 않는다는 말도 가능하기는 하다.

왜 이러한 비유를 든 것일까? 만 대의 수레를 움직이는 자는 필경 군주일 것이다. (그 수레는 매우 튼튼할 것이다. 구태여 그것을 벗어나 혹시라도 있을 위험을 당할 이유가 없다.) 현대와 달리 당시의 관점으로는 군주가 수레에서 내려 나댄다면 백성들이 보기에는 군주에 대한 경외감이 없어질

지도 모른다. (현대에는 지도자가 국민을 자주 만나지 않으면 민심을 모른다고 비난받을 것이다.) 경솔하면 한 나라를 경영하는 군주다울 수가 없다. 이상적인 지도자로서 성인을 비유하는 노자는, 군주가 사심이 없고 신중하기를 바랐기에 경박하면 안 된다고 보았을 것이다. 그런 처신으로 나라를 망치고 백성을 고통에 빠트리고 군주의 자리도 잃는 일이 하도 흔한바, 중요한 일을 해야 하는 사람의 경솔한 처신을 노자는 탓하는 것이리라. 치중輜重은 그러한 의미가 아닐까?

27. 사람과 물건을 선택하는 오묘한
지혜

善行無轍迹　善言無瑕讁　善數不用籌策　善閉無關楗
而不可開　善結無繩約　而不可解　是以聖人常善救人
故無棄人　常善救物　故無棄物　是謂襲明　故善人者
不善人之師　不善人者　善人之資　不貴其師　不愛其
資　雖智大迷　是謂要妙
(선행무철적　선언무하적　선수불용주책　선폐무관건　이불
가개　선결무승약　이불가해　시이성인상선구인　고무기인
상선구물　고무기물　시위습명　고선인자　불선인지사　불선
인자　선인지자　불귀기사　불애기자　수지대미　시위요묘)

【좋은 행차는(잘 걷는 사람은 *이석명) 바퀴 자국
(흔적)을 남기지 않는다. 좋은 말(言)은 허물을
남기지 않는다.(흠이 없다.) 셈을 잘하면 산算가
지(계산용 도구)가 필요 없다. 잘 닫으면 빗장이
나 열쇠로도 열지 못한다. 잘 결속(단속)시키면
밧줄로 묶을 필요가 없다. 그래서 성인은 항상
사람을 옳게(잘) 구하므로(구제하므로 *김학목) 사

람을 버릴 일도 없다. 사물도 옳게 택하므로 버릴 물건이 없다. 이를 '밝은 지혜를 간직하고 있다(습명)'고 한다. 선한(바른) 사람은 선하지 못한 사람의 스승이 되고, 선하지 못한 사람은 선한 사람의 선택을 받는(밑거름이 되는 *기세춘 / 거울 *최진석 / 바탕 *이석명) 것이다. 스승을 귀하게 여기지 않고 가르칠 사람을 아끼지 않으면 비록 지혜가 있더라도 혼미한 것이니 '필요함(사람과 사물을 구하는 것)이 묘하다'고 일컫는 것이다. (종요로운 생명작용이라고 한다. *기세춘)】

☞ 처신과 행사는 흔적을 남기지 않는 것이 바람직하다. 오해의 소지나 뒤끝이 남지 않아야 하는 것이 지혜다.(깔끔한 일 처리를 누구나 좋아한다.) 사람과 물건을 선택하는 것은 너무나 중요하다. 직원을 뽑는데 관상가를 입회시켰다는 모 기업 회장의 일화도 있었다. 사람이 회사를 번창하게도 하고 회사를 망하게도 하는 근본이라는 생각이다. 사람에게 시달려보면 절실히 알게 된다. 좋은 인연이 아니라도 나쁜 사람을

만나지 않거나 해를 끼치지 않는 사람이나마 만날 수 있다면 정말 큰 복이라는 것을. 사람이 대부분 문제의 시작과 끝이다. 그래서 사람을 잘 선택하는 것이 지혜이며 최고의 역량이다. 좋은 사람을 선택했는지의 여부가 어떤 조직, 백성의 삶과 나라의 성패를 가른다.

명철한 지혜를 갖춘 사람은 사람·물건을 선택함에도 부작용이나 불필요함이 없게 만든다. 사람을 선택하고도 적재적소에 쓰임이 없다면 (아끼지 못하면) 자기가 택한 사람에게서 존중받지 못한다.(그 사람의 나쁜 행실로 피해를 당한다.) 사용처 없는 물건은 버려지게 되므로 잘못 선택한 행위가 된다. 후회가 없으려면 먼저 잘 선택해야 하고, 다음으로 잘 써야 한다. 그래서 사람·물건을 택하고 쓰는 일이 단순하지 않고 참으로 미묘하다.

28. 큰 사람을 만들어 쓰는 이치

知其雄 守其雌 爲天下谿 爲天下谿 常德不離 復歸
於嬰兒 知其白 守其黑 爲天下式 爲天下式 常德不
忒 復歸於無極 知其榮 守其辱 爲天下谷 爲天下谷
常德乃足 復歸於樸 樸散則爲器 聖人用之 則爲官
長 故大制不割
(지기웅 수기자 위천하계 위천하계 상덕불리 복귀어영아
지기백 수기흑 위천하식 위천하식 상덕불특 복귀어무극
지기영 수기욕 위천하곡 위천하곡 상덕내족 복귀어박 박
산즉위기 성인용지 즉위관장 고대제불할)

【수컷다움(양)을 알고 암컷의 성질(음)을 지킬
수(마음속에 간직할 수) 있다면 천하(만물)가 흘러
가는 것을(이치를) 알 것이다. 천하(만물)의 흐름
은 영구한 근원의 존재가 베풀어준 덕이 떠나
지 않은 것이니 때 묻지 않은 아이의 마음인
상태로 돌아가는(갈 수 있는) 것이다. 밝고 어두
움의 (양면성의, 대대待對의) 이치(밝음을 알고 흑암·
혼돈, 무극을 지키면 *기세춘)가 천하(만물)의 운행

- 138 -

하는 방식(천하에 천문을 펼칠 것이다. *기세춘)임을
알 것이다. 천지 만물이 운행하는 방식대로 행
하면 근원의 변함없는 덕과 어긋나지도 않고
무극(천지 만물이 태동하기 이전)의 상태로 돌아갈
수 있다. 천하(만물)가 생성되는 이치는 영화로
움 이면에 오욕이 있기도 하다. 그 생성의 이
치는 근원의 덕에 부족함이 없고(부합하고) 가공
되지 않은 순박함(다듬어지지 않은 원목, 통나무) 그
자체로 돌아가는 것과 같다. 그 (본연의) 순박함
을 잘 다듬어 그릇으로 만들어 쓰는 것이 성인
의 일이다. 즉, (세상을) 관리하는 자나 윗사람으
로 만드는 것이다. 그러므로 큰(기본) 원칙은 나
누거나 쳐내지 않는 것이다. (큰 법도는 나누어지
지 않는다. *이경숙 / 크게 재단하는 것은 자르지 않는
다. *동양고전종합DB / 완전한 정치는 분할됨이 없다.
*소준섭 / 분별과 구분이 없는 지도자의 통치 행위. *
이석명)】

☞ 이 장의 해석이 다양하고 그 뜻은 더욱 난
해하다. 우리 말과 다른 자구字句의 어색함을
어떻게 이해하면 좋을지 고심하게 만든다. 그

러나 다음과 같이 생각해 본다. 수컷과 암컷, 골짜기 같은 글자들이 생각을 많게 만든다. 당시에는 수컷과 암컷의 비유가 대중에게는 제일 쉬운 음양의 비유였을지 모른다. (이경숙은 지기웅知其雄 수기자守其雌를 강하면서 약한 입장에 서는 것이라 한다. 동양고전종합DB 및 소준섭은 남성성과 여성성을 언급하고 있다.) 최진석은 주나라를 모델로 한 공자와 달리, 노자가 하나라의 문명을 모델로 하였기에 모계 전통(여성적 모티브), 물과 검은 색(오행 상 물은 검은 색) 등이 특징이라고 한다. 수컷, 백색(태양 숭배), 강건함 등은 은나라의 특징이라는 것. 이석명의 의견은 수컷은 강함, 드러냄, 적극성이며 암컷은 약함, 낮춤, 소극성이다. 이를 음양의 법칙으로 보면 어떨까? 음양(오행)이 우주 만물의 운행 법칙이다. 이것은 사태·사물의 이면이라는 것을 보여주는 것이며, 서로 보완적인 조화를 이룬다는 방식이다. 『장자』에서 말하듯이 무극 → 태극 → 음양 → 만물의 생성·소멸이 우주 변화의 원리였다면, 그 역방향을 추론해 보면 처음의 도의 세계(무극, 혼돈, 카오스)로 소급됨을 알 수 있을 것이다. 음양(화학적으로도 음이온과 양이온이 결합하듯)이란 서로 상대적이면서 보완적인 특성의 표현이다. 암·수, 명·암, 흑·백, 영·욕 등과 같이. 골짜기라는 것은 현빈, 또는 (만물이) 모여서 흘러나오는(만물과 생명이 탄생하여 나오는 틈새 공간의) 상징적인 의미라 봐도 될 것 같다.

사람이 살면서 쌓은 이기적인 자아를 벗어나면 근원적인 상태(때 묻지 않은 상태, 무극, 천하 만물의 생성·순환을 이루는 이치)를 깨닫고 회복하게 될 것이다. 이상적인 지도자(군주)는 잘 다듬어서 쓸만한 그릇이 되어야 한다. 하지만 사람에 대한 큰 규칙(원칙)이라는 것은 독단적으로 재단하고 가공하지 않는 것이 맞을 것이다.

29. 천하를 위함에 지나침과 안일을 버린다.

將欲取天下而爲之 吾見其不得已 天下神器 不可爲
也 爲者敗之 執者失之 故物或行或隨 或歔或吹 或
强或羸 或挫或隳 是以聖人去甚 去奢 去泰
(장욕취천하이위지 오견기부득이 천하신기 불가위야 위
자패지 집자실지 고물혹행혹수 혹허혹취 혹강혹리 혹좌
혹휴 시이성인거심 거사 거태)

【천하를 취하려 하는 욕구를 갖더라도 내가
보기에는 그것(천하를 얻는 것)이 이루기 어려울
것으로 보인다. 천하라는 것은 신령한 도구와
같아서 (취하는 것이) 불가능하다. 이루려 하는
자는 실패할 것이고 붙잡으려 하는 자는 놓칠
것이다. 그래서 세상 만물은 혹은 (앞서) 나아가
기도 하고 따라가기도 하며, 혹은 내쉬기도 하
고 들이키기도 하며, 혹은 강하기도 하고 약하
기도 하며, 혹은 꺾이기도 하고 무너뜨리기도
한다. 그러므로 성인은 지나침, 사치, 안일함을

버리는 것이다.】

☞ 28장에서와 같이 음양의 조화로 이루어진 천하 만물과 현상은 상호 보완적이며 화합을 이룬다. 독단적이거나 극단적이지 않다. 앞서기도 하고 따라가기도 하며, 내쉬거나 들이키기도 하며, 강하기도 약하기도 하며, 무너뜨리기도 하고 무너지기도 한다. 그러므로 천하 만물의 이치를 안다면, 천하의 일을 도모하는 것을 신중하게 생각할 수밖에 없다. 성인은 욕심만 가지고 되는 일이 아님을 아는 것이다. 사태의 이면을 염두에 두면 위태로움에 빠질 일이 없다. 노자가 말하는 성인은 도에 통해 도와 하나가 된 사람이거나 이상적인 군주의 모습일 거라고 짐작하고 있지만 때로는 현실적인 군주의 모습을 염두에 두고 그가 '제발 이렇게 바뀌었으면'하는 기대를 품는 것 같다.

30. 강제하면 도에 맞지 않다.

以道佐人主者 不以兵强於天下 其事好還 師之所處
荊棘生焉 大軍之後 必有凶年 善有果而已 不敢以
取强 果而勿矜 果而勿伐 果而勿驕 果而不得已 果
而勿强 物壯則老 是謂不道 不道早已
(이도좌인주자 불이병강어천하 기사호환 사지소처 형극
생언 대군지후 필유흉년 선유과이이 불감이취강 과이물
긍 과이물벌 과이물교 과이부득이 과이물강 물장즉로 시
위부도 부도조이)

【도로써 군주를 보필하는 자는 무력으로 천하
를 강압하지 않는다. 그런 일에는 당연히 되돌
아오는 것(반대급부)이 생긴다. 군사를 움직이는
자가 있던 곳에는 가시덤불만 자라고 크게 군
사를 일으킨 후에는 반드시 흉년이 든다. 좋은
것은 '그치는 것'에서 따라오는 것이기에 강제
로 감행하지 않는 것이다. (도로써 군주를 보필하
는 자는 바른 일, 도를) 행한 결과에 대해 긍지를
갖지도 않을뿐더러 거들먹거리지 않으며 교만

하지도 않다. 부득이(마지못해) 할 수밖에 없었기에 행하되 강제로 행하지 않았을 뿐이다. 사물은 강성해지면 노쇠해진다. 이것은 도가 아니라고(부도不道하다고) 한다. 부도한 것은 오래가지 못하는 법이다.】

☞ 노자는 억지로(사욕으로) 행사하는 것을 부정해 왔다. 도에 부합하지 않은 행사는 어떤 것일까? 강제적인 것은 당연히 아니다. 도는 자연스럽기 때문이다. 저절로 이루어지고 자연스럽게 순환한다. 강제하면 반드시 댓가(반대급부)가 있다. 이 장과 다음 장을 이석명은 용병술에 관한 것이라고 한다. 노자 용병의 핵심은 과감함이라는 것. 즉, 피해를 줄이기 위해 속전속결로 끝내야 한다. 계속 강함에 의지하면 결국 무너진다.

군대를 일으켜 싸운 전장은 황폐해지고, 농사를 지을 사람이 전쟁에 동원되니 흉년이 들 수밖에. 세상에 이유 없이 이루어지는 일은 없다.

원인에 따른 결과가 인간(운명) 세상에 펼쳐지는 등가교환等價交換의 법칙이다. 노자의 무위는 아무것도 않고 방관한다는 의미는 아니다. 인간의 삶과 공존을 위한 최소한의 유위有爲만이 가능함을 말하는 것은 아닐까? 강성, 노쇠도 만물의 순환하는 이치 중 하나의 과정일 뿐이다. 당연하게도 도에 어긋나는 것은 생명력을 오래 가질 리는 없다.

31. 전쟁에서 승리함은 상례를 치루듯이

夫佳兵者 不祥之器 物或惡之 故有道者不處 君子
居則貴左 用兵則貴右 兵者 不祥之器 非君子之器
不得已而用之 恬澹爲上 勝而不美 而美之者 是樂
殺人 夫樂殺人者 則不可以得志於天下矣 吉事尚左
凶事尚右 偏將軍居左 上將軍居右 言以喪禮處之
殺人之衆 以悲哀泣之 戰勝 以喪禮處之
(부가병자 불상지기 물혹오지 고유도자불처 군자거즉귀
좌 용병즉귀우 병자 불상지기 비군자지기 부득이이용지
염담위상 승이불미 이미지자 시락살인 부락살인자 즉불
가이득지어천하의 길사상좌 흉사상우 편장군거좌 상장군
거우 언이상례처지 살인지중 이비애읍지 전승 이상례처
지)

【쓸만한(좋은) 무력(병기 *이석명)이라는 것(무력
을 좋아하는 것)은 상서롭지 못한 도구다. 사물도
(사람이 아닌 것도) 그런 것을 싫어할지 모른다.
(상서롭지 않은 물건을 가까이 하지 않는다. *이석명)
그래서 도를 간직한 이는 그런 것에 처신을 두
지 않는다. 군자가 좌측을 귀하게 여긴다면 병

력을 쓰는 데는 우측을 귀하게 행한다. 병력이란 상서로운 도구가 아니기에 군자의 도구가 아니다. 마지못해 쓰더라도 담담하게 행사하는 것을 최우선으로 하고 승리해도 미화하지 않는다. 승리를 미화한다는 것은 살인을 즐거워하는 것과 같기 때문이다. 살인을 즐겨 하는 자는 천하에서 뜻을 얻을 수 없을 것이다. 길한 일은 좌측에 높이고 흉한 일은 우측에 둔다. 편장군은 좌측에 두고 상장군은 우측에 둔다. (말하자면) 상喪(장례)을 지내는 예같이 행하라는 것이다. 전쟁에서 승리한 것(전승 행사)은 사람을 많이 죽였으므로 슬픔으로 애도하고 상례로 하는 것이다.】

☞ 노자의 바른 치세에 대한 희망은 직접적인 정략, 물리적인 획득이 아니다. 가능한 한 전쟁 없이, 자유를 억압함이 없이, 생명을 아끼려는 애틋한 마음이라고 생각한다.

병력(무력)을 사용하여 전쟁을 일삼는 일 자체

가 찬양할 일은 아니다. 전쟁을 좋아하면 백성이 도탄에 빠진다. 전쟁 자체가 사람을 살상하는 일이다. 이는 정말 흉한 일이다. 정상적인 사리 분별을 하는 사람이라면 마지못해 무력을 사용할 뿐이다. 염담恬澹한 것이 최우선이라는 말이 그런 뜻을 품는다.

좋은 일과 나쁜 일은 한 자리에 둘 수 없으니 따로 자리하게 한다. 이 둘을 섞어서 혼동하면 옳고 그름의 분별마저 사라지는 것이다. (오른쪽이 주인의 자리고 왼쪽이 손님의 자리이므로 군주가 왼쪽에 앉으면 겸양의 의미라고 한다. *소준섭 / 오른쪽은 군사와 흉사의 법도다. *이경숙) 최진석의 해석은, 통치자가 남쪽을 향해 앉아 바라볼 때 왼쪽은 동쪽이고 양陽(태양이 뜨는)의 기운이며 서쪽은 오른쪽이고 음陰(태양이 지는)의 기운이다. 전쟁과 죽음, 즉 흉사는 오른쪽이 주된 자리라는 것이다. (군주가 남쪽을 바라볼 때 왼쪽은 동쪽으로 목木의 방향이므로 생성과 성장을 상징, 서쪽은 금金의 자리로 죽음과 살생을 의미. *이석명) 여기서는 배치하는 자리에 의미를 두지 말자. 길사와 흉사를 생각 없이(쉽게) 대하지 말라는 것으로 이해하고 싶다. 항상 반대의 경우를 동시에 생각해야 한다. 전쟁에서 승리했다고 좋아할 게 아니라 승전 의식은 마치 상례에서 좌우로 늘어서서 죽은 자들을 엄숙히 애도하듯이 하라는 것. 전쟁에서 이겼더라도 누군가는 희생되어 사랑하는 가족에게 큰 상처를 남긴다.

논란이 있다는(*이경숙) 구절, '부락살인자夫樂殺人者 즉불가이득지어천하의則不可以得志於天下矣'는 '살인을 즐겨하는 자는 천하에서 뜻을 얻는 것이 불가하다'는 해석이 무리는 없어 보인다.

32. 도로써 조화를 이루고 사는 것

道常無名 樸雖小 天下莫能臣也 侯王若能守之 萬
物將自賓 天地相合以降甘露 民莫之令而自均 始制
有名 名亦旣有 夫亦將知止 知止可以不殆 譬道之
在天下 猶川谷之於江海
(도상무명 박수소 천하막능신야 후왕약능수지 만물장자
빈 천지상합이강감로 민막지령이자균 시제유명 명역기유
부역장지지 지지가이불태 비도지재천하 유천곡지어강해)

【변함이 없는 도라는 것은 원래 이름도 없었
다. (도가) 투박하고 작더라도 천하가 그것을 부
릴 수는 없다. 제후와 왕이 (그 도를) 지킬 수만
있다면 만물이(만백성이 *이석명) 스스로 대우할
것이다. 천지가 서로 화합하여 달콤한 이슬을
내려주듯이 사람들이 통제하지 않아도 스스로
조화(형평)를 이루고 살 것이다. 규제를 만들어
지킬 것을 명시하고 또 그러한 명분을 있게 만
드니(통나무를 자르기 시작하면서 이름이 시작되었다.
욕망의 발현. *이석명), 장차 멈출 것을 앎으로써

(비로소) 위태롭지가 않게 된다. 도를 비유컨대 (도가) 천하에 있게 되면 냇물과 골짜기가 강과 바다로 흘러가는 것처럼 될(자연스러울) 것이다.】

☞ 군주가 하늘의 도는 아니더라도 인간의 도리나마 지킨다면 백성이 그를 의지하고 따를 것인데 그런 군주가 거의 없기에 노자가 계속해서 군주의 도리를 요구하고 있다. 처음에 이름도 없었던 도는 사람들이 아무리 작고 투박한 것이라 여겨도 못 하는 것은 없다. 비록 우리 인간의 눈에 도의 역할이 미미해 보이더라도, 또는 인위를 가하지 않더라도 제 할 일은 하는 것이다. 그러니 천하가 함부로 도를 부릴 (거스를 또는 무시할) 수도 없는 것이다.

법과 제도로써 사람들을 규제하기보다는 문화와 양식으로써 사람들이 자율성을 갖춘다면 좋으련만. 모든 것을 세세하게 법을 만들지 않으면 하나도 제대로 할 수 있는 일이 없는 현대를 비추어본다면 그 뜻을 알 것 같다. 많이 알아서 인간의 삶이 개선된 것은 실제로 적을지 모른다. 너무 아는 것이 많아서 병이다. 제후와 왕이 처세함에 있어 도를 기준으로 삼는다면 만물과 서로 통하는 것임에 위태로울 게 없다. 그렇게 시냇물이 강과 바다로 흘러가듯 천하에 도가 자연스럽게 널리 펼쳐지리라.

33. 자기를 이기는 자가 강하다.

知人者智　自知者明　勝人者有力　自勝者强　知足者
富　强行者有志　不失其所者久　死而不亡者壽
(지인자지 자지자명 승인자유력 자승자강 지족자부 강행
자유지 불실기소자구 사이불망자수)

【사람(남)을 아는 자는 지혜롭다. 자기를 아는
자는 현명하다. 남을 이기는 자는 힘이 있다고
(폭력적 *기세춘) 하겠으나 자기를 이기는 자가
강한(강포한 *기세춘) 자다. 만족(자족)할 수 있는
자는 부유하고 힘써 행하는 자는 뜻이 있다.(의
욕만 높다. *이석명) 자신의 처지를 잃지 않는 자
는 오래가고(오래가는 것일 뿐이고 *이석명), 죽어서
잊히지 않는 자가 오래 산 것이다.】

☞ 인간의 속성은 참으로 복잡 미묘하다. 열
길 물속은 알아도 한 길 사람 속을 알 수 없다
고 하지 않던가. 그런 인간 속성을 이해할 수
있다면 사는 일이 쉬워질까? 사람을 이해한다

는 자체가 실은 가능할 일이 아니다. 모든 내·
외부의 여건에 따라 고정됨 없이 흔들리는 게
인간의 마음이기 때문이다. 그렇다면 자신은
스스로를 알까? 자신만큼 스스로를 알 수 있는
사람은 없다. 그러나 스스로를 잘 안다고들 하
지만 잘 모르는 사람이 대부분이다. 자신에게
이기적인 최면 작용이 있기 때문이다. 자신을
객관적으로 정확히 헤아릴 수 있다면 실수를
저지르진 않을 것이지만. 그러므로 자신을 통
제할 수 있는 자가 진정 대단한 자다.

행복감은 만족함에서 생겨난다. 그 만족이 오
래가지 못하기 때문에 대부분 행복하지 않다.
자기가 처한 현실을 직시하는 것을 노자는 말
하고 있으며, 근시안적인 삶에 매이지 말라고
하고 있다.

34. 위세 부리지 않는 도

大道汎兮 其可左右 萬物恃之而生 而不辭 功成不
名有 衣養萬物而不爲主 常無欲 可名於小 萬物歸
焉而不爲主 可名爲大 以其終不自爲大 故能成其大
(대도범혜 기가좌우 만물시지이생 이불사 공성불명유 의
양만물이불위주 상무욕 가명어소 만물귀언이불위주 가명
위대 이기종부자위대 고능성기대)

【큰 도는 떠도는 것(두루 미치는 것이므로) 같아
좌로도 우로도 향하는 것처럼 보인다.(흐를 수
있다. *이강수) 만물이 이것에 의지하여 생겨났지
만 (도는) 말하지 않는다. 공덕을 이루었지만
(도는) 이름도 없으며 만물을 입히고 길러주어
도 주인 행세를 하지 않는다. 항상 욕심을 갖
지 않으니 그 이름을 작다고도(그 존재가 미미한
것처럼) 붙일 수 있다. 만물이 이것에 귀의함에
도 주인 행세를 하지 않으니 그 이름을 크다고
(위대하다) 붙일 수도 있을 것이다. (도는) 끝까지
자기가 크다고(큰일을 *김학목) 하지 않는다. 그

러므로 크게 이룰 수가 있다.】

☞ 도는 떠돌아 흘러 다니는 것이 아니라 우주
와 천지 만물에 고루 펼쳐져 있다는 것이 노자
의 주장이다. 이 도는 우리가 거의 인식하지
못하기도 하고 천지자연과 만물을 내놓아주었
으므로 크고 위대한 존재이기도 하다. 또한 만
물에 빠트림 없이 작용하므로 미미하고도 섬세
한 존재이기도 하다. 그러나 도는 자기를 내세
우지 않는다. 만물이 도에 귀의해도 도는 자신
을 큰 존재로 내세우지 않는다.(평범한 사람 같으
면 생색을 내고 우쭐거리겠지만.) 그럼에도 도는 크
게 이루니 위대하다고 할 것이다. 이 장을, 성
인의 행위를 도의 움직임에 연결시키는 해석이
있다. 따라서, '이기종부자위대以其終不自爲大 고
능성기대故能成其大'를 '성인은 도와 같이 끝내
스스로 큰일을 하지 않기 때문에 모든 것을 이
루어 만물이 그에게 돌아가므로 자신의 위대함
을 이룰 수 있는 것'이라는 해석이다.(*동양고전
종합DB)

노자가 도를 말하면서 성인으로 전개하는 의미에 대해 생각해 본다. 도와 성인이 같다고 할 수 있으면서 같지 않다고도 할 수 있다. 천지만물의 시원은 도다. 성인은 도에 통하여 하나가 된 사람이다. (불교에서 부처는 깨달은 자라는 뜻이다. 따라서 누구나 부처가 될 수 있다.) 노자는 도가 현실에 행사되는 기준으로서 성인을 염두에 두는 것 같다. 성인은 신이나 초능력자가 아니다. 도에 통하게 되어 도와 하나가 된 사람이다.(세상 근본 이치를 깨닫고 정신으로는 무엇에든 얽매임이 없어진 사람일 것이라고 추정해 본다.) 그러므로 현실에 도가 온전히 살아있기를 바라는 주체로서, 볼 수 없고 들을 수 없으며 만질 수 없는 도가 아니라 중인衆人이 구체적으로나마 형상을 상상해 볼 수 있는 이상적인 존재로서 성인을 생각하는 것이 아닐까?

35. 크나큰 형상인 도

執大象 天下往 往而不害 安平太 樂與餌 過客止
道之出口 淡乎其無味 視之不足見 聽之不足聞 用
之不足旣
(집대상 천하왕 왕이불해 안평태 악여이 과객지 도지출
구 담호기무미 시지부족견 청지부족문 용지부족기)

【위대한 상(이데아, 도. *기세춘 / 거대한 형상 *이
석명)을 붙잡으면 천하를 돌아가게(귀의, 움직이
다.) 할 것이며(천하 사람들이 그에게 돌아갈 것이며
*이강수 / 제 갈 길을 간다. *김학목 / 세상 사람들이
귀의해 온다. *이석명) 돌아다녀도(귀의하면 *이석명)
해롭게 할 것이 없으니 안락하고 태평할 것이
다. 음악과 음식은 지나가는 객을 멈추게 하지
만 도는 말로 표현되면 담담하여 아무런 맛도
없다. 도는 보려고 해도 잘 보이지 않고 들으
려 해도 잘 들리지 않고 쓰더라도 다함이 없
다.】

☞ 대상大象을 이름으로 삼은 기업이 있던가? 그건 『도덕경』에서 따온 것인가? 만약 그렇다면 엄청난 의지가 담겨있다. 크나큰 형상인 도는 천하에 널리 펼쳐져 있지만 천하에 해를 끼치지 않는 것이다. 도는 의도를 가지는 것이 아니다. 그 도를 깨달으면(그것에 돌아갈 수 있다면) 나 역시 안락하고 평안하리라. 안평태安平太(*왕필본)와 안평대安平大(*죽간본·백서본)로 글자의 차이가 있다. 의미는 다를 바 없을 것 같다.

도를 범인凡人의 이해 편의상 달리 생각해 보자. 만물을 만들어내는 원소와 생성·소멸의 법칙이라고 가정하면 어떨까? 따라서 도는 만물에 공평하고 조화롭게 간직되고 있다. 도는 인간의 감각에 부응하는 것이 아니라 맛이라는 것이 없을뿐더러 보이지 않고, 들리지 않고, 천지 만물이 거기에서 나왔으니 무궁무진하다.

36. 얻으려면 댓가를 주어야 하는 것

將欲歙之　必固張之　將欲弱之　必固强之　將欲廢之
必固興之　將欲奪之　必固與之　是謂微明　柔弱勝剛
强　魚不可脫於淵　國之利器　不可以示人
(장욕흡지 필고장지 장욕약지 필고강지 장욕폐지 필고흥
지 장욕탈지 필고여지 시위미명 유약승강강 어불가탈어
연 국지리기 불가이시인)

【줄이려면 반드시 펼쳐주어야(들이쉬려면 먼저
내쉬어야 *이경숙 / 상대를 오그라뜨리려거든 먼저 펼
치게 하고 *이석명) 한다. 약하게 만들려면 강하
게 해주면 된다. 없애려 한다면 먼저 일어나게
(흥하게 / 동조하고 *이석명) 해준다. 빼앗고 싶다
면 주어야 한다. 이것을 감추어진 밝음(드러나지
않는 현명함 / 은미한 지혜 *이석명)이라 한다. 유연
하고 연약함이 오히려 단단함과 강함을 이긴
다. 물고기가 연못(물)을 벗어날 수 없는 법이
다. 나라에 이로운 도구(수단)는 과시하지(드러내
보이지) 않아야 한다.】

☞ 이 장은 매우 현실적이다. 노자에 대한 오해와 논란의 가장 두드러진 장이기도 하다. '손자병법 같은 (군주가 쓸 수 있는) 치세의 술수', '정치적 교활함'이나 '개인의 영악한 처세' 등의 평가가 있다. 그러나 나는 원인과 결과, 사태의 이면에 대해 생각해 본다. 얻는 것엔 반드시 대가가 따른다. 불교에서 말하는 인과因果, 업보(카르마)도 그렇게 표현한다. 균형을 이루려는 진동이나 등가교환의 법칙이 그렇다. 인간 세상의 숨은 이치가 그렇다. 강하다고 이기는 것이 아니다. 유연한 대처가 훨씬 유용할 수 있다.

이 유약승강강柔弱勝剛强은 유명한 구절이 되었다. 어떤 이는 이것을 '능구렁이 처세'로 이해하나 그런 뺀질거리는 처세가 아니다. 고정관념의 해체가 훨씬 가까울 것이다. 연못이 물고기를 품고 있는 것처럼 처한 여건을 무시할 수 없다. 우리 현실의 삶은 불가피하게 자신의 안전을 기할 수밖에 없다. 나의 가진 장점을 널리 알려 나쁜 의도를 가진 자에게 빌미를 주어 무용하게 만들어버릴 것은 아니다. (나라에 이로운 기구는 본성에 따르지, 사람들에게 보이는 형벌에 의지하지 않는다. 이는 반드시 잘못된다. *김학목)

37. 도는 순박하므로 욕심이 없다.

道常無爲 而無不爲 侯王若能守之 萬物將自化 化
而欲作 吾將鎭之以無名之樸 無名之樸 夫亦將無欲
不欲以靜 天下將自定
(도상무위 이무불위 후왕약능수지 만물장자화 화이욕작
오장진지이무명지박 무명지박 부역장무욕 불욕이정 천하
장자정)

【도는 항상 무위함으로써 행하고 있다.(그렇다
고 행하지 않은 것도 없다.) 왕과 제후는 이런 이치
를 지키는 자여야 한다. 만물은 스스로 조화를
이루어 간다. 만약 억지로 만들어 이루려고 한
다면 나는 '무명의 순박함(도 / 무명의 통나무 *이
석명)'으로 이를 누를 것이다. '무명의 순박함
(도)'이란 욕심이 없는(그것마저 하고자 함을 없애겠
다. *김학목) 것이다. 욕심이 없이 고요해지면(하
고자 하지 않음으로써 그대로 두면 *김학목) 천하는
저절로 안정을 찾게 될 것이다.】

☞ 도가 무위한 것은 의지나 목적이 없다는 것이다. 이는 훗날 송나라의 주렴계가 '무극이며 태극이다'고 한 명제처럼 궁극적인 실재의 성격을 나타낸다. 이 명제가 송명리학宋命理學 우주론의 기초가 되었다.(*이강수)

군주가 도처럼 무위를 원칙으로 삼는다면 천하가 자연스럽게 운행되듯이 인간 사회도 조화롭게 삶이 이루어질 것이다. 억지로 이루려고 한다면 나는(노자 같으면) 도의 순수함을 따르라고 요구할 것이다. 군주의 욕심으로 백성의 삶이 고단하니 노자라면, "제발 그러지 말라"고 말하고 싶을 것이다. 당시의 공동체의 규모와 여건으로서는 천하는 군주의 욕심이 아니라 백성들이 조화를 이루며 자율적으로 만들어가는 것이 가능할 것이라는 기대가 있기 때문이었을까?

덕경

(德經)

38. 최고의 덕은 드러내지 않는 것

上德不德 是以有德 下德不失德 是以無德 上德無
爲而無以爲 下德爲之而有以爲 上仁爲之而無以爲
上義爲之而有以爲 上禮爲之而莫之應 則攘臂而扔
之 故失道而後德 失德而後仁 失仁而後義 失義而
後禮 夫禮者 忠信之薄 而亂之首 前識者 道之華而
愚之始 是以大丈夫處其厚 不居其薄 處其實 不居
其華 故去彼取此
(상덕부덕 시이유덕 하덕불실덕 시이무덕 상덕무위이무
이위 하덕위지이유이위 상인위지이무이위 상의위지이유
이위 상례위지이막지응 즉양비이잉지 고실도이후덕 실덕
이후인 실인이후의 실의이후례 부례자 충신지박 이란지
수 전식자 도지화이우지시 시이대장부처기후 불거기박
처기실 불거기화 고거피취차)

【지극한 덕(덕을 갖춘 이)은 덕을 드러내지 않는
다.(마치 없는 것처럼 보인다.) 그래서 덕이 있다.
덕이 낮은 이는 덕이라는 것을 놓지 않으려 한
다. 그래서 덕이 없는 것이다. 최고의 덕(상덕上
德)은 무위로 이루는 것이고 (덕으로 의도하는 것

도 없다. *이석명), 하덕下德은 유위로써 이루는 것(의도함이 있다. *이석명)이다. 최고의 인은 무위로써 이루고(의도함이 없다. *이석명), 최고의 의는 유위로써 이루고(의도함이 있다. *이석명), 최고의 예는 (행함에 있어) 호응이 없으면 이끌어(반응하지 않으면 팔을 걷어붙이고 잡아당긴다. *이석명 / 응하지 않으면 소매를 걷어붙이고 강요한다. * 김학목) 이루도록 하는 것이다. 그래서 도를 잃은 후에 덕이 나오고 덕을 잃은 후에 인이 나타나고 인을 잃은 후에 예가 나타난다. 예라는 것은 충과 신의 가벼움(진실함과 믿음이 부족해진 것)이니 (실제로는) 혼란이 심한 것으로 볼 수 있다. 앞질러 안다는 것(짐작으로 예단하는 것, 선입관)도 도의 껍데기(실속 없이 도의 치장만 그럴싸해 보일 뿐)이며 어리석음의 시초다. 그래서 대장부는 무겁게 처신하고 경박하지 않다. 실질에 따르고 화려한 겉모습에 따르지 않는다. 그래서 저것을 피하고 이것에 따른다. (얄팍함과 껍데기를 버리고 두터움과 알맹이를 취한다. *이석명)】

☞ 이 장의 해석 역시 다양하다. 글자 하나하나에 정직한 해석을 하다 보니 뜻이 반대로 되기도 하므로 이해가 어려워진다. 도 → 덕(무위) → 하덕下德(유위) → 상인上仁(무위) → 상의上義(유위) → 상례上禮(막응莫應)로 근원적인 도에서 벗어나 자꾸 새로운 인식의 개념을 만들어내는 것에 대한 말이라고 이해하고 싶다. 유가儒家에 대한 비판이기도 하다. 노자는 그나마 공자의 최고 개념인 인仁에 대해서는 의義나 예禮보다 가치를 높게 보고 있다. 공자는 인에 대해 다양한 표현을 했다. 가장 적합한 표현은 '사람을 사랑하는 것'이다. 인은 자기 수양(극기克己)을 통해 개인이 끝없이 완성해 가야 하는, 사람이 가질 수 있는 최고의 이상적인 덕목이다. 공자도 인이 예보다 깊다고 생각했다.(*이강수)

'상례위지이막지응上禮爲之而莫之應 즉양비이잉지則攘臂而扔之'는 다음과 같이 이해하면 될까? 예禮란 어느 대상에 대한 마음가짐과 행위다. 하지만 최고의 예는 스스로가 기준에 따르는 것일 뿐. 상대의 응답을 기대하거나 대가를 바라는 행위가 아닐 것이다. 사람은 강제한다고 진심으로는 따라오지 않는다. 이경숙은 '응대가 없으면 매몰차게 거두어들인다(대화나 교류의 거부)'고 해석하고 있다. 소준섭(및 동양고전종합DB)은 '응함이 없으므로 팔을 내밀어 사람들을 강제로 이끈다'고 한다. 그렇더라도 문맥의 흐름은 산뜻하지 않다.

상례上禮란 '응답과 상관없이 이루어지는 것'으로서 (상대의 태도 여부에 영향을 받는 것이 아니라) 나는 나의 기준에 따라 성심껏 예를 갖출 뿐이므로 '상대가 이를 보고 깨달아 예를 따르면 최고로 좋은 것'이다. 만약 상대가 응답이 없으면 '강제로 예를 요구하는 것인가?'를 이해하는 차이라 할 수 있을 것 같다. 전자라면 상례에 근접하는 것이고 후자라면 유가의 예를 비꼬는 것이다. 도에서 시작하여 마지막에 예가 나타나는 것으로 비유를 든바, 강제적으로 행해지는 예라는 것의 가치를 낮게 보고 있다는 것이 옳을지 모르겠다. 백성이 지키라고 내놓는 가치관은 반대로 없어지는 것들 때문이다. 충성, 믿음, 효 등이 그것이다.

이 장에서는 모범적인 행위자의 예로써 성인이 아니라 대장부다. 이미 멀어진 도와 덕이 아니라 현실 속세에서의 바람직한 인간상이 대장부인가?(의를 말한 맹자의 대장부를 염두에 둔 것인가?) 이상적인 군주가 아니라 일반적인 사람으로서의 덕목이다. 충과 신의 가벼움 때문에 예가 나타난다고 했으니 경박하지 않고 중후하게 신실히 행동하는 사람이 대장부다. (『맹자』에서 말하는 결의에 찬 과단성 있는 사람의 이미지를 떠올린다. *이석명) 여기서는 노자의 주장은 인간적 인식, 선입관, 겉모습이 아닌 도의 참모습, 진실된 이치 등에 대한 논지의 전개라고 생각해 본다.

39. 군주의 바른 도리

昔之得一者　天得一以淸　地得一以寧　神得一以靈
谷得一以盈　萬物得一以生　侯王得一以　爲天下貞
其致之　天無以淸　將恐裂　地無以寧　將恐發　神無以
靈　將恐歇　谷無以盈　將恐竭　萬物無以生　將恐滅
侯王無以貴高　將恐蹶　故貴以賤爲本　高以下爲基
是以侯王　自謂孤寡不穀　此非以賤爲本耶　非乎　故
致數譽無譽　不欲琭琭如玉　珞珞如石
(석지득일자 천득일이청 지득일이녕 신득일이령 곡득일
이영 만물득일이생 후왕득일이 위천하정 기치지 천무이
청 장공렬 지무이녕 장공발 신무이령 장공헐 곡무이영
장공갈 만물무이생 장공멸 후왕무이귀고 장공궐 고귀이
천위본 고이하위기 시이후왕 자위고과불곡 차비이천위본
야 비호 고치수예무예 불욕녹록여옥 낙락여석)

【옛날에(태초에 *김학목), 유일한 (도라는) 것으로
부터 (각기) 하나를 얻은바, 하늘은 하나를 얻어
맑아졌고(맑은 것을 본받고) 땅은 하나를 얻어 안
정되고(안녕함을 따르고) 정신은 하나를 얻어 영
험하였다.(신령은 영험함을 얻었다.) 생명을 낳는

곳간(곡谷)에 (도의 기운이) 가득 채워져, 만물도 그 하나(도)를 얻어 나오게 된 것이다. 제후와 왕은 그 하나를 얻어서 천하에 바르게 베풀어 지극함(도)에 이르는 것이다. 하늘에 맑음이 없게 되면 장차 찢어질까 두렵고 땅의 안녕이 없으면 장차 터져버릴까 두렵고 신령이 영험함이 없으면(끊임없이 성스럽고자 하면 *강신주) 장차 소진될까 두렵고 생명의 근원이 가득 차지 못하면(끊임없이 차고자 하면 *강신주) 장차 말라버릴까 두렵고 만물이 태어나지 못하면 장차 모든 것이 소멸될까 두렵고 제후와 왕이 고귀하지 못하면(끊임없이 고귀하고자 하면 *강신주) 엎어질까 두렵다. 그러므로 귀한 것은 천한 것을 그 뿌리로 하고 높은 것은 낮은 것을 기본으로 한다. 제후와 왕은 스스로를 고孤, 과寡, 불곡不穀으로 칭한다. 이것이 천함을 근본으로 삼는 것이 아니겠는가? 그렇지 아니한가? 그러므로 자주 명예를 거들먹거리면 명예롭지 못한 것이다. 오히려 반들거리는 옥이 되기보다 거친 돌이 되는(드러내지 않는) 것이다.】

☞ 노자의 군주에 대한 기대치를 엿볼 수 있을 것 같다. 아주 옛적(처음)에는 도라는 유일한 것만 있어, 때 묻지 않은(인간의 탐욕과 이기심으로 오염되지 않았던) 그 도로부터 하늘의 맑음과 땅의 안녕함, 신령의 기운이 영험함을 지켜 왔다. 그 도의 기운을 받아 천지 만물도 생성되었을 것이다.

군주는 도의 기운을 이어받아 천하의 안녕을 지켜야 하는 의무가 있다. 혼탁해진 도의 기운은 하늘, 땅, 신령, 생명뿐 아니라 군주의 자리도 위태롭게 한다. 그 혼탁은 인간의 이기심으로 인해 도가 오염된 것이다. 그래서 군주가 권위로 자만하지 않으려고 스스로 처신을 삼가고, 자기를 부를 때도 부족하고 귀하지 않은 존재라는 호칭을 사용하는 것이다. 고(고아), 과(짝이 없는 사람), 불곡(불선不善. *기세춘)이라고 한다. (보통 괄호 안의 해석으로 설명하고 있다.) 왜 '부모를 잃고(외로운 *강신주)', '홀아비가 된(부족한 *강신주)', '선하지 못한(결실이 없는 *강신주)' 등의 표현이 차용된 것일까? 불곡은 '먹을 것 없는', '백성을 잘 기르지 못한', '복 없는'의 뜻이라 한다. 고아, 홀아비, 가난한 사람 등은 사회적 약자다. 군주가 그들을 생각해 준다면 좋은 세상이다. 반면에 군주가 자기를 완전한 존재라고 내세우면 독재자가 되기 쉬울 것이다. 절대 권력을 쥔 신분으로, '결핍되다', '모자라다'고 자기를 낮추고 삼가려는 의미인 듯하다. (김학목이 인용하는 녹록珠珠과 낙락珞珞에 대한 왕필의 해석이 있으나 화사한 옥과 거친 돌 정도로 생각해도 될 것 같다.)

『노자』 연구자들은 '하나'는 무엇을 말한다고 생각했을까? 이강수의 인용에 따르면 왕필은 수數의 시초이며 물物의 궁극이라고 했고, 일(一)을 태극처럼 본 것이라 한다. 하상공은 일은 무위하며 도의 아들이라고 했으니 도의 자기복제로 보았다고 한다. 42장에서 노자는 도는 하나를 낳았고 하나는 둘을 만들었고 둘은 셋을 만들었고 셋은 만물을 만들어내었다고 한다. 하나인 도가 만물이 시작된 근원이다.

백서본의 고치수예무예故致數譽無譽는 왕필본에서는 고치삭(또는 수)여무여故致數輿無輿라고 한다. 해석자에 따라 수數(몇 가지)와 삭數('자주', '흔히'라는 뜻의 고어)으로 발음하고 해석하는 차이, 여輿와 예譽의 표기 차이다. 왕필본의 여輿는 예譽를 가차假借한 것이라고 한다(*김학목, 루우열樓宇烈의『노자주역왕필주교석』인용). 고, 과, 불곡 등의 호칭을 못 견디는 것(*최진석)과 흔히 명예에 이르고자 하는 것(*이석명)은 명예를 잃는 것이다. 두 표현의 의도는 별반 다르지 않은 것처럼 보인다.

40. 도의 움직임은 은밀하고
       상대적이다.

反者道之動 弱者道之用 天下萬物生於有 有生於無
(반자도지동 약자도지용 천하만물생어유 유생어무)

【도는 상호 보완적으로(음양으로 결합하고 소멸되
는 식으로? / 되돌아감이 *이석명 / 돌아간다는 것은
작동한다는 것 *강신주) 작동한다. 그것은 강하게
드러나지 않고 연약하게(알 듯 모를 듯하게, 은근하
게 / 부드러움이 *이석명 / 유연해진다는 것은 작용하
는 것 *강신주)) 작용하고 있다. (돌아옴은 도의 운
동이며 쇠약하여 없어짐은 도의 쓰임이다. *기세춘) 천
하 만물은 그렇게 유에서(유로써) 생겨 나왔다.
그 생겨 나오는 유의 근원은 원래 무의 공간이
었다.】

☞ 이 유명한 말이 도의 '작용作用 특성'에 대
한 대표적인 표현이라고 할 것 같다. 도는 사
람이 의식하지도 못하는 가운데 영구적인 생

성, 소멸의 순환 법칙에 따라 천지 만물을 운행하고 있다. 음양이라는 방식도 그렇다. 상대성이론도 그러한 맥락과 크게 다르지 않을 것이다. 한편, 이 법칙은 강제적으로 이루는 것이 아니라 자연스럽게 이루어지고 있다. 우주에서 물질의 생성이란 아무것도 없는 듯한 암흑의 공간에서 성립된다. 도가에서 말하는 '유는 무에서 나왔다'는 말이 그럴 것이다. 불교에서는 진공묘유眞空妙有(비어 있는 같지만 무언가 있는)라는 표현을 쓰고 있다. 현대의 양자론은 과학적으로 이것을 상당 부분 설명할 수 있는 정도는 된다고 할 수 있을 것 같다.

'반反'이란 말은 반대·대립된다는 뜻만이 아니라 생성되면 소멸하고, 가득 차면 비워지고, 만나면 헤어지는 식의 상대적인(순환하는 / 서로 대립적이면서 서로에 의존하는 *강신주) 움직임을 의미한다고 생각해 본다. '도를 회복한', '순수함으로 되돌아간'의 뜻도 있다. 약弱이란 무슨 의미일까? 쓰인 듯 안 쓰인 듯, 누구도 모르게, 마

치 스며들 듯이 작용했다고 이해해 보고자 한
다. '부드럽게 강압적이지 않게'라는 의미도 있
다. 김학목은 '균일하게 통하니 다할 수 없다'
고 왕필의 해석에 따른다. 강신주는 『노자』에
서 말하는 '그릇'에 비유하여 물이 채워지면 물
잔으로 규정되므로 물잔이 다른 것과 관계를
맺기 위해서는 자신을 덜어내어 무의 계기를
활성화시켜야 한다고 설명한다. 이것이 돌아간
다는 의미이며, 그래야만 그릇은 물잔에서 다
른 잔으로 변할 수 있는 것이고, 이렇게 유의
계기를 유연하게 함으로써 그릇이 타자와 원활
하게 관계할 수 있는 힘을 얻는다는 것.

이경숙은 '도지동道之動 반자야反者也 유생어무
有生於無 도지용道之用 약자야弱者也 천하만물天
下萬物 생어유生於有'로 읽자고 한다. '도의 움직
임은 반하는 것(움직이지 않는 움직임)이라 무에서
유가 생기고 도의 쓰임은 약하나(쓰이지 않는 쓰
임이니) 유에서 천하 만물이 생긴다'는 것. 이강
수는 무와 유는 상대적이 아니라 본말本末의

관계라고 한다. 참고로, 김학목은 여기서 무는 도가 아니라고 한다. 왕필에 의하면 '있음은 없음으로 효용을 삼으니 이것이 되돌아가게 하는 것'이라는 것.('있음이 온전하려면 반드시 없음으로 되돌아가야 한다'는 것이니, 유가 무에 의해 효용이 있게 됨을 보라는 의견이다.)

41. 대기만성

上士聞道 勤而行之 中士聞道 若存若亡 下士聞道
大笑之 不笑 不足以爲道 故建言有之 明道若昧 進
道若退 夷道若纇 上德若谷 大白若辱 廣德若不足
建德若偸 質眞若渝 大方無隅 大器晩成 大音希聲
大象無形 道隱無名 夫唯道善貸且成
(상사문도 근이행지 중사문도 약존약망 하사문도 대소지
불소 부족이위도 고건언유지 명도약매 진도약퇴 이도약
뢰 상덕약곡 대백약욕 광덕약부족 건덕약투 질진약유 대
방무우 대기만성 대음희성 대상무형 도은무명 부유도선
대차성)

【최고의 선비(사람)는 도를 들으면 힘써 행하
려 하고, 보통의 선비(사람)는 도를 들으면 반신
반의하고 못난 선비(사람)는 도를 듣고 크게
(비)웃는다. (비)웃지 않는다면 도라고 하기에 부
족하다. 옛말에도(전하는 말에 *김학목) 이런 말이
있다. 밝은 도는 어두운 듯하고, 나아간 도는
후퇴하는 듯하고, 편안한 도는 어그러진(우묵한
*김학목) 듯하고 최고의 덕은 마치 골짜기와(텅

빈 듯 *이석명) 같다. 크게 깨끗한 것은 더러운 것 같고 너른 덕은 부족한 것 같다. 건실한 덕은 구차한 것 같고 질박하고 참된 것은 풀린(더러운 / 이랬다저랬다 하는 *김학목) 것 같다. 큰 경계는(반듯한 것은, 사방이 너른 것은) 모서리가 없고 큰 그릇은 늦게 완성된다. 큰 음악은 소리가 나지 않고 큰 형상(위대한 상)은 형체가 없다. 도는 드러나지 않아 이름이 없다. 오직 도만이 잘 내어주고 (만물을) 이루게 한다.】

☞ 심오한 도를 들으면 아는 이는 말로 떠들지 않고 도를 행하려 힘쓰는 것에 몰두한다. 보통 사람은 도가 무엇일까 생각은 해보겠지만 믿어도 되는 것일까? 의문을 가질 것이다. 반면에 못난 선비는 알지 못하기에 크게 웃는다. 도를 알지 못하는 사람들은 애초에 관심도 없었던 도에 대해서(무슨 헛소리인가? 라며) 비웃고 말았을 것이다. 그래서 하사下土(일반 대중을 포함하는 계층이라 한다.)는 웃을 것이고 만약 웃지 않으면 도라고 할 수 없다고 했을 것이다. 도를 깨달

음에 아무런 장벽이 없음에도 누구나 도를 행해보려 하지 않을뿐더러 그렇다고 아무런 행함도 없이 쉽게 아는 것도 아니라는 말일 것이다.

도는 우매한 것처럼 보이며 도가 진척되는가 싶다가도 후퇴하는 듯하고 쉽게 보여도 나아가는데 덜컥거리는 것 같다. 최고의 덕은 반대로 깊은 골짜기와 같다. 산이 높으면 골짜기가 깊듯이 우뚝 서나 깊이는 심오하다.(비어 있다.) 그래서 지나치게 깨끗함은(또는 오탁한 것을 분별하지 않기에) 오염되기 쉬운 것 같고 두루 넓게 펼쳐진 덕은 오히려 뭔가 부족한 것으로 보일지 모른다. 잘 이루어진 덕은 가벼워 보이고 참되고 진실한 것은 변해버린 것처럼 보이고 사방 너른 것은 경계가 없어 보인다. 큰 그릇은 완성되지 않은 것처럼 보이고 큰 음흡은 소리가 희미하고(인간의 귀에 들리지 않는) 큰 모양은 형체가 없는(인간의 눈에 경계가 확인되지 않는) 것이다. 이것이 노자가 말한 도의 특성이었다. 드러나지 않고 지극히 크므로 인간이 감지하는 한계를 넘어버리기에 그렇다. 노자가 보기에 도라는 것은 현실의 인간 삶에서 늦게 완성될지라도 지극하게 추구되어야 할 진정한 목표다. 기세춘은 대상大象을 도, 이데아라고 한다. 대상은 모든 형상을 만들어내는 모태이므로 도다.

※ 대기만성大器晩成? 대기면성大器免成? 대기만
     성大器曼成인가?

　죽간본의 만曼성, 백서본의 면免성, 왕필본의 만晩성에 대해 여러 논의가 생긴다.(*최진석, 같은 책.) 최진석은 본문의 이어지는 의미에 따른다면 큰 그릇은 완성함이란 없는 것(免, 마치 도처럼 이미 완성된 것이므로)이 더 타당하다고 본다. 한편 큰 그릇은 그 끝을 모르니 끝에 이르러야(曼) 완성을 알 수 있다거나, 기나긴 시간 속에서(晩, 인간이라면 오랜 단련을 거쳐야 쓸 만해지는 것이니) 이루어지는 것이라고 해도 의미는 가능하다. 김용옥은 '대방무의大方無隅'의 무無, '대음희성大音希聲'의 희希, '대상무형

大象無形'의 무無에서처럼 만晚이 부정사라고 한다.(*『노자가 옳았다』). 나의 생각으로는, 본문의 맥락을 보면 '인간의 감지 능력의 한계'를 고려한 듯싶다. 큰 그릇은 지금 인간의 인식으로는 완성되지 않은 것처럼 보이는 것이 아닐까?

42. 만물이 나온 이치

道生一　一生二　二生三　三生萬物　萬物負陰而抱陽
沖氣以爲和　人之所惡　唯孤寡不穀　而王公以爲稱
故物或損之而益　或益之而損　人之所敎　我亦敎之
强梁者不得其死　吾將以爲敎父
(도생일 일생이 이생삼 삼생만물 만물부음이포양 충기이
위화 인지소오 유고과불곡 이왕공이위칭 고물혹손지이익
혹익지이손 인지소교 아역교지 강량자부득기사 오장이위
교부)

【도는 하나를 낳았고(하나가 나오고) 하나는 둘
을 만들었고(둘이 나오고) 둘은 셋을 만들었고(셋
이 나오고) 셋은 만물을 만들어내었다(나왔다.) 만
물은 음을 지고서 양을 끌어안아 두 기운이(비
어 있는 기 *김학목) 섞이고 화합한다. 사람이 싫
어하는 것은 오직 홀로 되고(孤, 고아), (짝을) 잃
어버리고(寡), 좋지 못한 존재(不穀)이지만 왕공
은 이것들을 호칭으로 삼는다.(스스로 낮추려는 표
현으로 쓴다.) 사물은 덜어내면 채워지고 보태려

면 오히려 덜어진다. 사람에 대한 가르침을 나도 가르쳐보려(말해 보려) 한다. 강하고 단단한(강포한 *김학목) 사람은 죽기도 쉽지 않으니(편안하게 죽지 못하니, 또는 제명에 죽지 못하니) 나는 장차 이것을 가르침의 표본(배움의 근본. 백서본은 학부學父. *이석명)으로 삼고자 한다.】

☞ 이 장은 노자의 우주생성론이라고 한다. 처음 구절과 다음 부분(사람들이 싫어하는~)의 논리 전개는 건너뛰는 느낌이다. 도는 처음 무언가(무극無極)를 품고 있다가 유일한 것(태극太極)의 태동으로부터 시작하여 다음에 음양으로 나누어진 것들의 화합으로 하나 → 둘 → 셋처럼 차례로 나타나며 만물을 내놓았다. 최진석은 생生은 살다, 살고 있다, 생육한다는 의미라고 한다. 생겨나다, 낳다가 아니라는 것. 그런 의미라면 산産이라는 글자를 썼을 것이라고 한다. 도생일道生一은 도와 일은 이미 같은 것으로서 도는 일이라는 관념을 발생시킨다(관념 속에서 산다.)로 이해해야 한다고 한다. 그러나 나는 이렇

게 이해하기가 뭔가 산뜻하지 않다. 그냥 '내놓다'로 편하게 생각하고자 한다.

처음 천지인天地人으로부터 시작하여 만물이 탄생하였다. 이미 이렇게 다양한 설(사상)이 전해지고 있다. 주역, 천부경, 『장자』에서도 그렇다. 현대의 천체물리학·양자물리학에서도 밝혀지고 있는 이론은 노자의 말과 매우 유사하다. 이강수는, 하나는 원기元氣, 정기精氣, 덕德 등의 개념으로 이해할 수 있고, 둘은 음양과 같은 대립적인 힘으로 이해할 수 있고, 셋은 음양과 근원적인 기로써 파악할 수 있다는 의견이다.

이경숙은 '고물혹손지이익故物或損之而益 혹익지이손或益之而損'을 '사물은 혹 손해가 혹 이익이 되고, 이익이 오히려 손해가 된다'고 해석한다. '사물은 덜어내지만 도리어 이익이 되기도 하고 보태지만 도리어 손해가 되기도 한다'는 소준섭과 비교된다. 실은 대동소이하지만 앞·뒤로 이어지는 문맥으로는 후자가 이해에 쉽지 않을까?

인간은 감각과 에고로 인해 진리(도)와 멀어진다. 자신을 돌아보고 겸양해야 한다. 덜어낼수록 (도를) 채울 수 있는 여백이 많이 생겨나는 것처럼. 군주가 오만에 빠지지 않도록 삼가고 자기를 낮추는 표현을 쓰듯이.(하지만 실제로는 말만 그럴 뿐이겠지만.) 우주의 순환 법칙은 지나치지 않고 균형을 찾아가는 것이다. 강하고 튼실하다고 좋은 것(나쁜 것도 아니지만)은 아니다. 도는 유연한 것. 강하다는 것은 고착된 틀을 만드는 것을 말함이고 유연함은 생각이 자유로운 것이라 생각해 본다. 만약 자신이 무엇 때문에 도를 찾아가는 길을 방해받고 있는지 생각해 보면 알게 된다. 에고(자아 의식, 선입관)라는 것을 알지 못하면 처음부터 길은 없다.

43. 무위의 유익함

天下之至柔 馳騁於天下之至堅 無有入無間 吾是以
知無爲之有益 不言之敎 無爲之益 天下希及之
(천하지지유 치빙천하지지견 무유입무간 오시이지무위지
유익 불언지교 무위지익 천하희급지)

【천하의 가장 부드러운 것이 천하에서 가장
견고한 것을 몰아낸다.(정신없게 몰아붙인다. / 파고
들고 *이석명) 무유無有가(무유라야 / 형체 없는 것이
*이석명) 무의 틈으로 들어갈 수 있다. 나는 이
로써 무위가 유익한 것임을 안다. 말 없는 가
르침과 무위의 이로움은 천하에 그것을 당할
자가 없다.(그만한 것도 없다. / 이러한 경지에 이른
자는 거의 없다. *김학목)】

☞ 천하의 가장 부드러운 것은 도일 것이다.
치빙馳騁은 말이 빠르게 달려가듯이 틈새로 치
달린다는 의미다.(*이석명) 무의 틈이란 무엇일
까? 만물은 무에서 생성되어 (비집고) 나온다.

노자는 그것을 곡谷 또는 빈牝으로 표현하고 있다고 생각해 본다. 유는 무에서 나왔다고 하고 있다. 그러므로 무가 무유가 된다. 무지만 유를 간직한 무라고 여기거나 무에서 유로 전개되는 과정이라고 생각해 본다. 유를 잉태한 무다. 틈이 없는 것에 어떻게 들어갈까? 무유이기 때문에(아직 유가 아닌 무로서) 들어갈 수 있는 것이다. 그래서 무위가 유익하다.

만물의 입장에서는 도가 무위로써 베풀어진 것이다. 도를 말로도 유위로도 가르칠 수가 없다고 하였다. 도는 철저히 개별적인 체득이다. 도에 대한 가르침이라는 것은 그것뿐이다. 나는 다른 길은 없다고 생각하고 있다.

44. 만족할 줄 알면 위태롭지 않다.

名與身孰親 身與貨孰多 得與亡孰病 是故甚愛必大
費 多藏必厚亡 知足不辱 知止不殆 可以長久
(명여신숙친 신여화숙다 득여망숙병 시고심애필대비 다
장필후망 지족불욕 지지불태 가이장구)

【명예와 몸뚱이는 어느 것이 더 좋은가?(어느
것에 마음이 더 가는가, 가까운가?) 몸과 재화는 어
느 것이 더 중할까?(가치가 많게 느껴지는가 / 대단
한가? *김학목) 얻는 것과 잃는 것 중 어느 것이
괴로운가?(병인가? / 해로운가? *이석명) 지나치게
애착하면 소모가 크고, 많이 소유하면 잃는 것
도 많다. 만족하면 욕을 당하지 않고 멈출 줄
알면 위태롭지 않아 오래갈 수 있을 것이다.】

☞ 이 장에서는 대비시키는 것들이 몸 ↔ 명
예, 몸 ↔ 재화, 얻는 것 ↔ 잃는 것, 지나친
애착·많이 소유하는 것 ↔ 만족·멈춤이다. 얻기
어려운 것에 대한 지나치거나 지속되는 욕망을

'놓아라'는 생각이다. 사실 이것이 인간 현실 삶에서의 고통과 갈등의 원인이다. 그러나 최소한의 필요성만 지키는 것이 과욕으로 몸(건강)과 내 처지를 해롭게 만드는 것보다는 나을 것이다. '시고심애필대비是故甚愛必大費 다장필후망多藏必厚亡'에 대해, '재물을 지나치게 아끼면 반드시 크게 소비하게 되고, 많이 쌓아두면 반드시 크게 망한다.'(*소준섭) '너무 아끼면 반드시 크게 쓰고, 많이 쌓아두면 반드시 크게 잃는다.'(동양고전종합DB) '(명예를) 사랑할수록 그 대가를 크게 지불하게 되고, (재산을) 많이 간직할수록 반드시 크게 망한다.'(*이경숙)는 의견들이 있다. 어찌 보면 같은 말인데 우리 말도 단어와 순서에 따라 미묘한 차이가 생겨난다.

세상 이치는 많이 쌓으면 임계점을 지나 허물어진다고 한다. 자연적인 현상, 인간의 행태 등 지구상의 다양한 측면에서 어떤 비례적인 패턴으로 발생한다는 사회과학적 연구가 있었다.

애착이 심하면 반대로 대가가 클 수밖에 없다. 애착을 가지는 대상을 놓치지 않으려면 돈이나 심력의 소모가 크다. 내가 아는 많이 가진 사람들 역시 노심초사하는 것처럼 보였다. 인플레이션 세상에서 재산은 그냥 두면 지키기도 어렵다. 그들은 그것을 잘 알기에 멈출 수가 없다. 가진 게 많으면 망했을 때 크게 잃는 것이다. 가진 게 없으면 손실이 크지 않다. 그렇다고 가진 게 없기를 바라겠는가? 많이 가졌다고 나쁜 것도 아니다. 무리한 욕심으로 지켜야 할 선을 넘는 것이 문제다. 노자도 수시로 말했고, 『주역』에서도 물극필반物極必反, 항룡유회亢龍有悔라는 말도 있다. '그릇도 차면 넘친다'는 말과 '달도 차면 기운다'는 등의 많은 말이 있다. 이것이 인간 삶과 관련하여 보편적인 지혜이기 때문이다.

45. 청정함이 천하를 바르게 한다.

大成若缺 其用不弊 大盈若沖 其用不窮 大直若屈
大巧若拙 大辯若訥 躁勝寒 靜勝熱 清靜爲天下正
(대성약결 기용불폐 대영약충 기용불궁 대직약굴 대교약
졸 대변약눌 조승한 정승열 청정위천하정)

【크게(잘 *최진석) 이루어진 것은 결함이 있더
라도 쓰임에 나쁠 것은(낡음이 / 피폐하지 *김학목)
없다. 큰 그릇은(가득찬 것은 *이석명) 빈 듯해도
쓰임에 궁색함(부족함)은 없다.(크게 채워진 것은 비
어 있는 것처럼 보일지라도 궁색함이 없다.) 크게 바
른 것은 굽은 듯 보일지 모르고 큰 기교는(교묘
한 것은 *이석명) 서투른 듯하고 큰 변론은(넉넉한
것은 *이석명) 어눌한 듯하다. 부지런히 움직이
면 추위를 이기고 조용히 있으면 더위를 이길
수 있다. 그래서 청정함이 천하를 바르게 할
수 있다(천하의 올바른 것이다. *최진석 / 맑고 고요해
야 세상의 우두머리가 될 수 있다. *이석명).】

☞ 노자의 반어적인 표현과 비유가 유별나다고 생각한다. 그럼으로써 군더더기 말이 줄어드는 지도 모르겠다. 지극히 큰 것은 도를 생각할 수 있다. 현실적으로는 크게 이룬 것의 작은 결함, 큰 그릇의 뭔가 빈 듯한 충족감, 큰 형태의 변형되어 보이는 느낌, 약간 어설퍼 보이는 듯한 큰 재주, 어눌한 듯해도 대의를 놓치지 않는 언변 등처럼, 워낙 큰(핵심을 간직한) 것들에 대비해 지극히 미미한 사항들은 중요한 의미가 있는 것이 아니며 두드러지게 드러나지도 않는다.

조승한躁勝寒 정승열靜勝熱을 왕필은 '조급함이 그친 다음에 차가움을 이기고, 고요히 있음으로써 뜨거움을 이기니'라고 해석했다.(*김학목 인용) '조급함'에 대해 생각해 볼만한 것 같다. 사람에 있어서도 마찬가지다. 사람들이 육신을 부지런히 움직이거나 아니면 정적靜的이든지(게으름을 부리거나) 간에 상관없이, 그러한 외부로 드러나는 행동 특성에 따라서 인격을 평가받을 수는 없다. 그런 것들은 사소한 것이다. 중요한 것은 내면의 성숙함이다.(조승한躁勝寒, 정승열靜勝熱은 고요함을 강조하기 위함. *이석명) 수양이 깊은 (큰) 사람은 감각이나 감정에 쉽게 동요되지 않는다.

46. 만족할 줄 아는 것

天下有道 卻走馬以糞 天下無道 戎馬生於郊 禍莫
大於不知足 咎莫大於欲得 故知足之足 常足矣
(천하유도 각주마이분 천하무도 융마생어교 화막대어부
지족 구막대어욕득 고지족지족 상족의)

【천하에 도가 있다면 (전장에서) 달리던 말이
한가로이 똥이나 싸고(농사를 짓고 *최진석), 도가
없어지면 오랑캐의 말(전마戰馬 *기세춘)이 외곽
(국경, 전선)에서 새끼를 낳는다. 재앙은 만족함
을 모르는 것보다 큰 것이 없고 허물은 소유욕
(가지려고 애쓰는 것 *최진석)보다 큰 것이 없다.
만족함을 아는 것으로써 '충분히 족하다' 할 것
이다.】

☞ 뜻을 함축하는 한문의 해석이 상황에 대한
상상에 따라 미묘해진다. 말똥 때문에 일부 '농
사를 짓는다'는 해석에 대해 논란이 있다. 천하
에 도가 있으면 전쟁이 그치고, 전장에서 질주

하고 달리던 말이 한가로이 풀밭에서 똥을 싸고 있으니 그 똥이 농사에 거름으로 쓰이거나 말이 전장 대신 밭에서 똥거름을 나르는 것으로 연관 지을 수 있을까? 하여간 도가 있는 세상에서는 말이 농사에나 활용되지 전쟁에 쓰일 일이 없다는 의미일 것이다. 도가 없어지면 오랑캐의 말이 외곽에 있다는 것은 오랑캐가 우리 국경에 가까이 주둔하고 있으므로 아군이 오랑캐와 전쟁 준비 중인 것일 수 있다. 그러니 말이 노동하거나 마굿간에서 쉬고 있는 상태가 아니라 (오랑캐의 말도) 전장에서 대치 중에 새끼를 낳는다는 의미일 수 있다.

갑자기 노자의 이야기가 말똥에서 재앙, 소유욕, 허물, 지족으로 전개되는 이유는 무엇일까? 천하에 도가 있다면 욕심을 부리지 않으니 세상이 평안하게 유지될 수 있을 것이지만, 천하에 도가 없어지면 국가 간의 상황에서는 군주의 욕심으로(백성들의 바람과 상관없이) 전쟁을 일으킬 것이다. (군주부터) 만족함을 모르고 욕심에 집착하면 개인(백성)에게도 재앙과 같다는 뜻이 아닐까? 항상 자족할 줄 아는 태도를 (오래도록) 간직하는 것이 현명하다는 것은 누구나 안다. 하지만 실천은 정말 어렵다.

47. 나서지 않고도 천하를 안다.

不出戶 知天下 不闚牖 見天道 其出彌遠 其知彌少
是以聖人 不行而知 不見而名 不爲而成
(불출호 지천하 불규유 견천도 기출미원 기지미소 시이
성인 불행이지 불견이명 불위이성)

【집을 나서지 않고도 천하를 알며 창을 통해
엿보지 않아도 천도를 본다. 멀리 나가봐도(나
간 것이 점점 멀어질수록 *최진석) 아는 것은 적어
진다. 그러므로 성인은 행차하지 않아도 알 수
있고 보지 않아도 분별할 수 있고(명名이나 형태
를 / 지칭하고 *김학목) 행하지 않고도 이룬다.】

☞ 과연 눈으로 보는 것이 진실의 전부일까?
뻔히 보면서도 각자 판단은 달라지는 경우가
많다. 많이 보고 들었다고 반드시 잘 알게 되
는 것은 아니다. 그렇다면 사태의 참모습을 보
는 힘은 무엇일까? 그것은 내면의 수양을 통한
덕성과 통찰의 힘이라고 할 수 있겠다. 성인은

나서지 않아도(엉뚱한 데를 많이 헤매고 다닌들 알 수 있는 것은 적다.), 보지 않아도 천하(만물의 운행하는 이치 또는 인간 세상이 움직이는 방향)가 돌아가는 상황을 분별할 수 있을 것이다. 조금만 생각해 보고 상황을 따져보면 어느 정도는 미리 알 수 있는 게 많다. (사람 사는 세상 돌아가는 꼴은 다 거기서 거기다. 하지만 인간처럼 이해할 수 없는 존재도 드물긴 하다.)

'불견이명不見而名 불위이성不爲而成'은 '보지 않아도 분별할 수 있고 행하지 않고도 이루는 것인가?' 아니면 '보지 않고도 이름 지으며 가만히 있어도 모든 일은 아는 것'인가?(*소준섭, 동양고전종합DB) 또는 '보지 않고도 가리며 꾸미지 않고도 이루는 것'인가?(*이경숙) 나는, 보지 않아도 실체를 알고, 일부러 알려고 몸소 애쓰지 않고도 돌아가는 형편을 안다고 생각한다.

48. 도를 이룸은 나날이 덜어내는 것

爲學日益　爲道日損　損之又損　以至於無爲　無爲而
無不爲　取天下常以無事　及其有事　不足以取天下
(위학일익　위도일손　손지우손　이지어무위　무위이무불위
취천하상이무사　급기유사　부족이취천하)

【배움이란 나날이 (지식을) 보태는 것이다.(욕심
과 꾸밈이 늘어난다. *소준섭) 도를 행하려면 나날
이 (안다는 것을) 덜어내야 한다.(도를 행하면 날마
다 덜어진다. *최진석) 덜고 또 덜어내어 더 덜어
낼 것도 없는 무위의 경지에 이르면 무위로써
못할 게 없어지리라. 천하를 취한다는 것은 항
상 무슨 일을 도모하지 않아야(일거리를 없애기
때문에 *최진석) 함에도, 일을 꾸려 천하를 취하
려 한다면 오히려 부족해지는 것이다.】

☞ 때로는 많이 알아서 병이다. 참선, 명상, 구
도의 수행을 하는 과정에 자신이 믿는 지식이
나 분별심이 도를 깨닫는 데 장애가 된다는 것

- 205 -

은 (해 본 사람에게는) 명확하다. 구도 수행의 첫 걸음은 이런 선입관이나 틀을 부수고 제거하는 것이다. 마음으로 쌓은 것을 비우고, 자기의 자아(에고)와 배움을 지우는 수행을 되풀이하면서 어느 순간 도의 참모습을 대면하게 된다. 이것을 불교에서 견성見性이라고 하고 있다. 나는 부처가 되는 길과 도를 깨닫는 것(또는 하늘나라에 드는 일)이 다른 길이라고 생각지 않는다. 궁극은 하나로 통한다고 믿고 있다.

노자의 '천하를 취하고, 다스린다'는 뜻에 대해 생각해 본다. 그가 천하를 얻어 자기 의지대로 정치하고 싶었던 것은 아니라고 생각한다. 천하를 내 뜻대로 움직여보겠다고(구하겠다고) 나서는 사람들이 난무하던 시대에 그들의 행태가 백성들의 혼란과 고통을 가중시키는 일이 비일비재했을 것이다. 노자는 '제발 그러지 말라'고 호소하고 있는 것 같이 느껴진다. '고작 그렇게 하려고 당신들이 천하를 얻고자 주장했던 거란 말인가?'라는 탄식이 아닐까? '당신들이 하고자

한 일(유위)이 아무것도 안 한 것(무위)만 못하지
않은가?'하는. 노자는 공부(지식)나 천하를 얻으
려는 욕심에 대해 인위, 유위와 일맥상통하는
부정적 관점이 있다.

49. 성인의 선입관 없는 마음

聖人無常心 以百姓心爲心 善者 吾善之 不善者 吾
亦善之 德善 信者 吾信之 不信者 吾亦信之 德信
聖人在天下歙歙 爲天下渾其心 百姓皆注其耳目 聖
人皆孩之
(성인무상심 이백성심위심 선자 오선지 불선자 오역선지
덕선 신자 오신지 불신자 오역신지 덕신 성인재천하흡흡
위천하혼기심 백성개주기이목 성인개해지)

【성인은 고착된 마음(전범이 될 마음 *기세춘)이
없으니 백성의 마음을 (자신의) 마음으로 삼는
다. 선한 자(선한 것 *김학목)에 대해서는 나도
선한 사람으로 대하고, 선하지 못한 자에 대해
서도 나는 선한 사람으로 대하니 덕이란 바른
것이기 때문이다.(세상의 덕이 선해진다. *최진석)
신의 있는 자(믿음직한 것 *김학목)에 대해서는 나
는 그를 믿고, 신의 없는 자에 대해서도 나는
역시 믿으니 덕이란 믿음이기 때문이다.(세상의
덕이 신뢰로 가득 찬다. *최진석) 성인은 천하에 함

께 하면서 모든 것을 받아들여 마음을 섞기에 (혼연일체가 되어 온 세상 사람들과 마음을 하나로 섞는다. *이석명), 천하에 그 마음을 뚜렷하게 드러내지 않으므로 백성은 모두 그를 바라보지만(백성들이 자기의 눈과 귀에만 충실해진다. *소준섭), 성인은 백성을 모두 어린아이처럼 여길 뿐이다.(어린아이와 같이 순박하게 한다. *소준섭 / 어린애 상태로 회복시켜 준다. *최진석 / 갓난아이처럼 보살핀다. *이석명)】

☞ 이상적인 군주(성인)는 백성을 최우선으로 해야 한다. 자기 생각을 기준으로 삼으면 안 된다. 현대의 지도층에 있는 사람들도 그런 착오를 많이 한다. 권력 행사에 있어 국가와 백성을 위한 실질적 봉사보다 엉뚱한 신념·명분을 앞세운다. 그래서 권력을 쥔 후 보복·한풀이에 먼저 신경 쓴다. 권력을 쥔 자들은 자기 기준에 맞추니 저 밑의 서민을 위한 정책을 만들지 않는다.(대부분 그들은 가진 것이 많다. 이미 서민이 아니므로 실제로는 서민을 잘 이해하지 못한다.) 부자가 가난한 사람의 실정을 모르니 '게으름 때

문에 네가 가난한 것'이라고 하거나, '돈이 없으면 안 쓰면 되는 것 아닌가'라는 말을 함부로 한다.

성인이 범인과 똑같이 처신할 수는 없다. 선하지 못한 자에게도 선하게, 신의가 없는 자에게도 신의로써 대하므로 성인이다. (이렇게 하니 백성들도 자기의 눈과 귀에만 충실하기에 자연과 무위의 정치가 이루어진다. *소준섭) 만약 당신이라면 상대를 구별하지 않고 선하게 대하며 신의를 지킨다는 것이 얼마나 어려운 처신인지 알 것이다. 그러나 성인은 보통 사람들과 달리 천하의 모든 이에게 똑같이 처신하므로 그의 특성을 알기 어렵다.(흐릿하게 세상에 섞여 있는 모습 *최진석) 표나게 처세하고 편을 가르면 눈에 띌 것이다. 성인은 사람에 따라 분별하지 않기에 대중들이 보기에는 어떤 특정 계층만을 상대하는 것으로 보이지 않는 것이다. 그렇게 모두와 하나가 된다.

백성들은 자기만을 바라봐 주기를 기대할지 모른다. 군주(이상적인 군주로서 성인의 모습)는 백성의 이목을 집중하는 위치이며 모범을 보여야 하는 자이므로 군주의 행실에 따라 백성은 움직인다. 열 손가락 깨물어 안 아픈 손가락 없다고 했다. 그는 고루 모든 백성을 어버이와 같은 마음으로 보살펴야 하는 것이다. 그리하면 백성도 순박해질 것이다. 백성들은 성인을 전적으로 믿고 모든 것을 맡기며 따르는 것이다. (백성을 어린아이처럼 만든다는 말은 문맥상 의미가 달라진다. 소준섭은 혼渾의 해석을 '함께 흐르는 것으로 보지 않고 질박質朴, 곧 도道로 보아' 의미가 달라지고 있다.)

50. 섭생을 잘하면 죽을 일이 없다.

出生入死 生之徒十有三 死之徒十有三 人之生 動
之死地 亦十有三 夫何故 以其生生之厚 蓋聞 善攝
生者 陸行不遇兕虎 入軍不被甲兵 兕無所投其角
虎無所措其爪 兵無所容其刃 夫何故 以其無死地
(출생입사 생지도십유삼 사지도십유삼 인지생 동지사지
역십유삼 부하고 이기생생지후 개문 선섭생자 육행불우
시호 입군불피갑병 시무소투기각 호무소조기조 병무소용
기인 부하고 이기무사지)

【생명으로 태어난 것은 (결국) 죽음으로 들어
(돌아)간다.(나오는 게 삶이고 들어가는 게 죽음이다. *
이석명) 삶을 따르는 이가(삶의 요소가 *소준섭 /
삶의 무리가 *이석명) 열에 셋이면 죽음을 따르는
이가 열에 셋이다. 사람들이 살면서도(사는 일에
만 더욱 열중하지만 *최진석) 죽음으로 움직여가는
이 역시 열에 셋이다. 대저 어찌 그런가? 삶에
자꾸 보태려(생에 집착) 하기 때문이다. 듣기에
는, 섭생을 잘하면 육지에서 외뿔소나 호랑이

를 만나지 않는다고 하고 군대에서 갑옷과 무기가 필요 없다고 한다.(갑병을 면한다. *이경숙 / 적을 피하는 곳에서 있게 된다. *소준섭 / 갑옷과 무기를 착용하지 않는다. 이석명) 외뿔소가 찌를 곳이 없고 호랑이의 발톱이 할퀼 곳이 없다고들 하며 칼날이 들어갈 곳도 없다고 한다. 무슨 까닭인가? 이는 죽을 곳이 없는 것과(죽음에 이르는 여지를 없애 버렸기 *최진석) 같기 때문이다.】

☞ 해석에 이견들이 있다. 태어나면서부터 죽음으로 향해 가는 것이 생명을 가지고 태어난 존재들의 숙명이다. 사는 길이(사는 자가. 생존 요소가) 열에 셋, 죽는 길(죽는 자가)이 열에 셋, 사는 길과 죽는 길의 경계가 모호한 것이 열에 셋인가? 논란에도 불구하고, 일단은 태어나 죽음으로 간다고 전제하고. (제대로) 사는 길을 따라가는 비율은 3할, 처음부터 죽을 길을 찾아가는 듯한 비율이 3할, 사는 길을 따른다지만 (실제로는) 죽을 곳을 찾아가는 비율이 3할 아닐까? 이경숙은 나머지 1할이 섭생을 잘해 사지

를 피한다고 한다. 과연 그러한 것인지는 뜻이 명확지 않다. 또 불피갑병不被甲兵을 어찌 이해해야 하는가? 갑옷과 무기를 갖추는 것을 면하는 것인가, 갑병을 면하는 것인가? 갑병은 최전선 돌격병인가? 그래서 적을 직접 대면하지 않는 후방 병과에 배치받는 것처럼 해석하고 있다.

'생사의 경계'나 '생사의 요소'라는 생각을 떠나보자. 자연이나 인생에서 특정해 둔 생지가 3할, 사지가 3할이라거나 생존 요소가 3할, 죽음 요소가 3할이라고 하기에는 뭔가 모호하기 때문이다. 오로지 사는 것만 생각하거나, 죽음을 작정하고 살거나, 살자고 하는 것이 오히려 죽으려는 것만 같은 사람들의 비율이라는 것과 비슷한 듯하다. 실은, 이 모든 사람들의 의도는 삶에의 집착이다. 생생지후生生之厚는 생(삶)을 두텁게 한다는 것이니 도에 대한 태도와 연결지어 생각한다면 반어적으로 억지로 무엇을 하지 말라(무위)는 것과 통한다. 현실적으로는, 지나치게 감행하는 것, 무엇에 집착하는 것, 과도한 욕심 등을 버려야 한다는 의미일 수 있다. 이 삶에의 의지를 바르게 갖춘다면 사지로 뛰어드는 것은 면할지(줄어들지) 모른다. '바르게 갖춘다는 것'이 유의하다. 본인이 살려고 하는 것이지만 죽을 길인지 모르는 경우가 많기(최대 6할 정도는 되기) 때문이다.

섭생(또는 양생)이란 무엇일까? 이것이 어떠한 신통한 술법이 아님에도 도교·선도에서 불로장수한다는 의미로 파생되었던 개념인듯하다. 그러다가 노자가 도교의 교조로까지 추앙되었다. 섭생은 지혜로운 처신으로 생의 의지를 굳게 붙들려는 마음가짐이라고 본다. 육지에서 맹수를 만나지 않고 군대에서도 몸을 보호할 수 있다는 것은 섭생의 비유이며, 찌르고 할퀴고 베일 일이 없다는 것은 그러한 상징성의 연장인 말이다. 사람이 의지를 굳건히 붙들면 위태로움이 줄어들어 불의의 사고에 대해서도 죽음의 확률이 낮아진다는 뜻일 것이다.

노자는 가능한 오래 살아남는 것이 중요하다고 생각한 것일까? 그렇다면 왜 그래야 하는 것일까? 고대 중국의 민초들의 삶은 자연의 냉혹한 여건과 더불어 불안정한 정치 상황, 권력자의 인권에 대한 허술한 인식, 숱한 전쟁 등으로 생명이 정말 하찮은 취급을 받았을 것이다. 노자도 사람 목숨을 자연이나 성인이 풀 강아지(추구芻狗)로 여긴다고 했잖은가. 태어나면 언젠가 죽는 것이 진실이지만 '죽는 것'이 삶의 목표일 순 없다. 무의미하게 허망하게 스러져가는 목숨들에 대한 노자의 '제발 잘 살아남기를' 바라는 안타까움이 느껴진다. 더불어 도를 아는 노자의 입장에서 도를 알고 행하는 충분한 시간의 필요성을 말하는 것은 아니었을까? 이는 사후死後보다 육체와 정신이 공존하는 현생에서의 구도의 중요성을 생각한 것은 아닐까?

51. 존귀한 도와 덕

道生之 德畜之 物形之 勢成之 是以萬物 莫不尊道
而貴德 道之尊 德之貴 夫莫之命而常自然 故道生
之 德畜之 長之育之 亭之毒之 養之覆之 生而不有
爲而不恃 長而不宰 是謂玄德
(도생지 덕축지 물형지 세성지 시이만물 막부존도 이귀
덕 도지존 덕지귀 부막지명이상자연 고도생지 덕축지 장
지육지 정지독지 양지복지 생이불유 위이불시 장이부재
시위현덕)

【도는 낳고 덕이 쌓여(기르고 *이강수, 최진석)
만물은 형체를 갖추고 그 세를 이룬다(물이 그것
을 형성하며 세가 그것을 성장하도록 한다. *이강수).
이로써 만물은 도를 으뜸으로 하지 않을 수 없
고 덕을 귀하게 여긴다. 도가 으뜸으로 여겨지
고 덕이 귀한 것은 명을 부여받았다고(누가 시켜
서 그렇다고) 하긴 어렵다. 그냥 변함없는 자연의
법칙(스스로 그러한 것)일 뿐이다. 도는 낳아주고
덕은 쌓여 (만물을) 자라게 하고(길러서 *이강수)

- 217 -

키우며, 형체를 주고 바탕을 이루어지게 하며(*동양고전종합DB / 모양이 만들어지게 *김학목 / 형통케 해주고 성숙시켜 주며 *이석명), 먹여주고 덮어준다 (감싸준다. / 보호한다. *이강수). 그래서 도는 (만물을) 낳았으되 없는 듯이 보이고(소유하지 않고 *최진석) 이루었지만, 그것에 기대지 않는다. 으뜸 이지만(어른이지만 *이강수 / 길러주고도 *최진석, 이석명) 주재하지 않는다. 이를 현묘한 덕이라 한다.】

☞ 도는 만물의 생성 근원(만물의 존재 형식 *최진석) 이다. 도는 만물에 베풀어진 것이므로 덕이라는 형태로(만물에 작용하는 모습 *최진석) 만물에 스며들었다. 이것은 어떤 인격적 주체가 의지로 행한 것이 아니며 자연(우주)의 법칙이라고 노자는 말한다. 도는 아버지이며 덕은 어머니와 같은 느낌이다. 생명을 주고 길러주었다. 생명은 서로 주고받으며 세를 이루어(독자적으로 살아가는 것이 아닌) 성장한다. 이석명은, 왕필본의 세성지勢成之는 백서본에서는 기성지器成之로

'형태를 이루다'로 본다. (『장자』에서 '무리를 짓는 형태로'라는 표현들이 있다. '지구상에서 생명은 그렇게 군집을 이루며 번성해 왔다'고 생각해도 될까?) 개별적으로도 정상적인 성장 과정을 거친다면 생명을 얻어 나온 다음에는 한창 성장하는 시기가 있다. 최진석은 단계로 설명한다. 낳아서(生畜) → 기름(長之育之) → 형체를 갖추어감(亨之毒之) → 마무리(養之覆之). 마치 『주역』의 원元 → 형亨 → 리利 → 정貞과 같은 느낌이다. 도라는 것은 어떤 초월적인 주재자가 아님을 다시 말하고 있다. 도는 (우주 천지 만물의) 자연스러운 생멸의 법칙이라고 생각해 본다. 그냥 그렇게 시작과 끝이 없이 순환하는 것이다. 이경숙은 '장지육지長之育之 정지독지亭之毒之 양지복지養之覆之'에서 도가 장長(이끌다.)·정亭·양養(바로 세워 보존하고)을, 덕이 육育·독毒(끝나게 하다.)·복覆(뒤엎다.)하는 주체로 해석한다. 그러나 뒤의 문맥을 생각하면 독毒과 복覆을 부정적으로 봐야 할까?

52. 밝음으로 깨달으면 상도를 아는 것

天下有始 以爲天下母 旣得其母 以知其子 旣知其
子 復守其母 沒身不殆 塞其兌 閉其門 終身不勤
開其兌 濟其事 終身不救 見小曰明 守柔曰强 用其
光 復歸其明 無遺身殃 是爲習常
(천하유시 이위천하모 기득기모 이지기자 기지기자 부수
기모 몰신불태 색기태 폐기문 종신불근 개기태 제기사
종신불구 견소왈명 수유왈강 용기광 복귀기명 무유신앙
시위습상)

【천하는 (무엇인가로부터) 시작된 바가 있으니,
그것은 천하의 어미(도)가 이루어낸 것이다. 그
모태라는 것을 알면(세계의 진상에 대한 통찰을 얻
으면 *최진석) 만물이 태어난 이치(자子의 이치)도
알 수 있는 것이다. (역으로) 그 자식(태어난 만물)
을 알고 그것의 모태라는 근원으로 소급되는
이치를 깨달으면(세계의 진상을 지키는 데로 돌아간
다면 *최진석) 몸뚱이는 그것이 다할 때까지 위
태롭지 않을 것이다. 바뀌는 것을 막고 문을

닫으면(또는 감각에 몰두하지 않고 욕심이 없게 되면 / 세계와 통하는 구멍과 문을 모두 막고 폐쇄해 버리면 * 최진석 / 오관의 구멍을 막고 욕망의 문을 닫으면 *이석명) 종신토록 수고할 필요가 없다. 문을 열고 (외부에 흔들리면 또는 욕심을 가지고) 일을 도모하면 평생 구하지 못할 것이다. 작은 것부터(기본적인 이치부터 / 드러나지 않는 것을 보는 것 *이석명) 알아채는 것을 밝음(현명함)이라 하고 유연함을 지키는 것을 강하다고 할 수 있다. 그러한 지혜(광光)를 통해(밖으로 드러나는 불필요한 빛을 제거하고 근원적인 *이석명) 밝음을 회복하면 재앙이 없을 것이니 이를 변함없는 도리(상도)를 익히는 것이라고 한다.】

☞ 천하 만물은 도로부터 시작된 것이다. 도가 만들어내었으니 도가 천하의 어미고, 천하 만물은 자식(子)이다. 이러한 이치(도 → 천하 만물·자子, 천하 만물 → 도·모母)를 알면 도를 깨닫는 것이다. (연역법이나 귀납법의 추론 같다.) 그것이 밝은(명백한) 지혜인 것이다. 도를 아는 사람은

위태로움이 줄어든다. 과욕, 억지, 사심, 무리함이 없기 때문이다. 반대로 외부·변화에 흔들리면 또는 욕심을 가지고 일을 도모하면 평생 구하지 못할 것이다. 밝은 지혜로 재앙이 없도록 하는 것이 만고불변의 이치가 아닌가.

색기태塞其兌, 폐기문閉其門에 대해서는 '변화를 막고 문을 닫아'(*이경숙), '욕심을 막고 닫으면'(*동양고전종합DB), '구멍(兌)과 문을 모두 막고'(*최진석) 등의 해석들이 있지만, 구멍, 욕망, 정욕, 문 등으로 해석하는 것은 구도의 태도와 어긋나 보인다. 실제로는 감각과 욕망을 차단하는 해석으로는 미흡하기 때문이다.(또는 감각기관을 통한 사사로운 욕구를 막고. *이석명) 차라리 '외부의 영향에 흔들리지 않고 변함없이 나의 내면을 지킬 수 있다면'으로 해석해도 되는 건 아닐까?, 생각해 본다. 반대로 개기태開其兌, 제기사濟其事는 '외부의 상황·감각에 동조하면서(끌려다니면서) 일을 벌이면'으로 생각할 수 있다. 이 용어들은 세상에 대한 태도나 구도를 위한 수행의 자세에 대입할 수 있는 말이기도 하다.

도를 깨닫는 것은 '완전한 버림을 유지하는 것'
이 중요하다고 선각자들과 불교에서는 말한다.
노자는 16장에서 상도常道를 아는 것을 명明이
라 하고, 이 장에서는 '소를 아는 것을 명'見小
曰明이라 한다. 33장에서는 남을 아는 것을 지
智라 하고 자기를 아는 것을 명自知者明이라고
했다. 나는 소小와 명明에 대해 이렇게 생각한
다. 도는 가장 기본적인 천하 만물의 존재 원
리이므로 소다. 어쩌면 양자물리학의 미소립자
微素粒子의 세계일지도 모른다. 도의 이치를 깨
달으므로 명이라 할 것이다. 이석명은 광光이
외부로 드러나므로(과시하는) 부정적 의미라 하
지만 깨달을 수 있으므로 밝은 사람이고, 깨달
았기에 도의 이치에 밝아진다고 할 수 있다.

53. 두려운 마음으로 행하다.

使我介然有知 行於大道 唯施是畏 大道甚夷 而民
好徑 朝甚除 田甚蕪 倉甚虛 服文綵 帶利劍 厭飮
食 財貨有餘 是謂盜夸 非道也哉
(사아개연유지 행어대도 유시시외 대도심이 이민호경 조
심제 전심무 창심허 복문채 대리검 염음식 재화유여 시
위도과 비도야재)

【내가 작은 지혜라도 있어(허락된다면 *최진석)
큰 도를 행할 수만 있다면(대도를 걷도록 하겠다.
*최진석) 경외로운 마음으로 베풀고자 하겠다.
(나쁜 길로 들까 봐 두려울 따름이다. *최진석 / 두려워
하는 것은 오직 나쁜 길로 드는 것이다. *강신주) 큰
도는 지극히 평이한 것임에도 사람들은 샛길(소
소한 것 또는 지름길)을 좋아할 뿐이다. (조정이 썩
으면 *최진석 / 조정에 사람이 없고 *강신주) 궁궐이
깨끗하면 (백성의) 밭은 잡초가 무성해지고 (나라
의) 창고는 비게 될 것이다. 요란한(수놓은 비단옷
*최진석) 옷에 허리에는 칼을 차고 먹고 마시는

일에 싫증 나도록 재화가 넘친다면 이를 도둑놈의 사치(도둑질한 것으로 사치한다는 *김학목)라고 할 것이다. 그건 도가 아니다!】

☞ 조정(사회 지도층)의 부정부패가 심하니 노자가 이런 말을 하는 것이다. 당대의 지식인으로서 정의롭지 못한 꼴을 어찌 두고만 볼 수 있으랴. 그렇다고 노자가 '내게 나라를 맡겨보라'고 주장한 것은 아닐 거라고 믿는다. 흔히 말하듯 노자의 치세욕이라고 생각하지 않는다.

이 장 역시 한자의 해석에 논란이 있다. '대도심이大道甚夷'를 '큰 도는 무리 속에 더불어 사는 것'(*이경숙), '큰길은 평탄한데'(*동양고전종합DB / 평이한데 *최진석)라고 하는 해석이 있다. 대도를 따라야 하는데(큰 도는 행하는 것이 어려운 것이 아닌데도), 사람들은 오히려 이를 놓치고 쉬운 경로(비탈길, 지름길 *최진석)만 좋아하는구나(대도를 따르지 않고, 편법을 좋아하며 사는구나), 라고 이해하면 안 될까? 뒷부분을 보면 조정 관리들

하는 짓이 그렇게 보이기 때문이다. 그래서 앞부분에서 '도를 외경의 마음으로 행한다'는 말이 나오는 것이다. 대도가 아닌 편법의 길을 간다는 것은 도를 거스르는 짓이기에 두렵게 행한다고 한 것. 자기 양심은 속여도 하늘을 속일 수는 없을 것이다. 노자가 보기에는 대도는 순탄한 길이고, 지름길은 어려운 길이다. 사람들에게는 지름길이 더 빠른 길이며 쉬운 길로 보인다. 대도에 지름길이 있을까? 노자는 가장 쉬운 방법으로 '미리 차근차근 덕을 쌓는다'는 말을 하고 있다.(59장) 그래서 천 리 길도 한 걸음부터라고 한다.(64장)

'조심제朝甚除'를 조정에 사람이 없으면(궁궐만 치장하여 *이석명), 조정이 지나치게 깨끗하고 좋으면(*동양고전종합DB, *김학목), 조정의 부패가 극심하다(*소준섭), 조정이 깨끗하거나 화려함, 재정이 바닥나 황폐함을 다 가리킴(*최진석) 등으로 해석하고 있다. 문맥의 흐름으로는 '조정에 (화려하게) 꾸밈이 지나치면' 또는 '쓸데없이 관리가 많으면'(큰 정부)으로 해석하고 싶어진다. 백성은 헐벗는데 나라를 관리하는 이들은 많으면서도 일은 제대로 안 하고 잘 먹고 좋은 옷에 거들먹거리면서 호사롭다면(나라 살림인 국고는 비어도 자기들 재화는 여유로우니) 세금을 도둑질하여(백성을 수탈하여) 사치를 부리는 것과 다름이 없다. 즉, 도둑놈들과 다를 바 없다.

54. 근본이 잘 돼야 천하가 순탄하다.

善建者不拔　善抱者不脫　子孫以祭祀不輟　修之於身
其德乃眞　修之於家　其德乃餘　修之於鄕　其德乃長
修之於國　其德乃豊　修之於天下　其德乃普　故以身
觀身　以家觀家　以鄕觀鄕　以國觀國　以天下觀天下
吾何以知天下然哉　以此
(선건자불발 선포자불탈 자손이제사불철 수지어신 기덕
내진 수지어가 기덕내여 수지어향 기덕내장 수지어국 기
덕내풍 수지어천하 기덕내보 고이신관신 이가관가 이향
관향 이국관국 이천하관천하 오하이지천하연재 이차)

【바르게 세운(잘 심어진 *최진석) 것(집안)은 뽑아
낼 수 없고 잘 품어준 것(자식)은 이탈하지 않
는다.(집을 나가버리지 않는다.) 그러므로 자손이
제사를 지내지 못하는 일이 없다. 자신을 수양
하면 그 덕이 진실해지고, 가정을 수양하면 그
덕이 여유롭고, 공동체의 수양이 쌓이면 그 덕
이 오래가고, 나라에 수양이 쌓이면 그 덕이
풍요롭고, 천하에 수양이 쌓이면 그 덕이 널리

펼쳐질(보편적이 될) 것이다. 그러므로 몸을 살피고(그가 자신을 살피는 것을 보아 그의 처신함을 알고), 가정을 살피고(가정을 살펴 그 가정의 됨됨이를 보고), 공동체를 살피고(공동체를 살펴 그 공동체의 행태를 보고), 나라를 살피고(나라를 살펴 그 나라의 미래를 보고), 천하를(천하의 관점에서) 살핀다. 내가 어찌 천하의 돌아가는 모습을 아는가? 그렇게 알 수 있는 것이다.】

☞ 수신제가치국평천하修身齊家治國平天下가 이 말일까? 기초가 잘 되면 가정이, 공동체가, 나라가 건실하다. 뿌리를 잘 내리고 화목한 집안은 대가 끊어지지 않고 좋은(효도하는) 자손이 잘 이어진다. 가정의 화목함, 조직체의 조화로운 분위기, 공동체의 배려심, 나라가 민주적인가? 등의 여건이 정말 중요하다.

개인·사회의 미래를 어찌 알까? 천하가 상황을 어찌 짐작할 수 있을까? 개인, 가정, 공동체, 나라가 돌아가는(개인의 인식·사회 현상) 꼴(싹수)을 보면 자연히 알 수 있다. 세상 탓하기 이전에 백성 개개인부터 덕을 쌓아야 군주도 함부로 못 하고 나라와 천하가 바른길을 갈 것이다.

노자는 통치에 관한 이상적인 기대의 바탕에서도 세상을 뜯어고치려는 것이 아니라 기본이 잘되어야 한다는 생각인 것 같다. 어쩌면 노자는 '너 자신만이라도 잘해라'라는 생각일 수 있다. 그러면 자연히 천하가 순탄해질 것이기에. 백성 개개인의 처신(행동 방향성)을 보면 세상 돌아갈 꼴을 짐작할 수 있다. 사람의 운명을 따져보는 것도 이런 방식과 유사한 것이다. 백성의 가치관(신념·이념, 계층 간 구분 등을 포함), 휩쓸려 행동하는 모습 등이 어딜 지향하고 있는가?

55. 후덕하여 어린아이처럼 되는 것

含德之厚 比於赤子 蜂蠆虺蛇不螫 猛獸不據 攫鳥
不搏 骨弱筋柔而握固 未知牝牡之合而全作 精之至
也 終日號而不嗄 和之至也 知和曰常 知常曰明 益
生曰祥 心使氣曰强 物壯則老 謂之不道 不道早已
(함덕지후 비어적자 봉채훼사불석 맹수불거 확조불박 골
약근유이악고 미지빈모지합이전작 정지지야 종일호이불
사 화지지야 지화왈상 지상왈명 익생왈상 심사기왈강 물
장즉로 위지부도 부도조이)

【덕을 간직하여 후덕해지면 갓난아이와 같아
진다.(비유된다. *김학목) 벌과 전갈, 뱀도 물지
않고 맹수도 달려들지 않고 사나운 새도 쪼지
않을 것이다. (갓난아기는 아직은) 뼈가 약하고 근
육이 유연하지만 손에 꼭 쥐면 빼앗기 어렵다.
아직 암수가 교합하는 것도 모르지만 몸뚱이는
정상이고(아기의 고추가 서듯 *기세춘) 정기도 가득
하다. 종일 울어도 목이 쉬지 않는다. 그 조화
가 지극하다. 그 조화를 아는 것을 상도(치우치

지 않음 *김학목)를 안다고 하며 또한 도를 깨달았다(명明)고 한다. (나날이) 살아가는 것을 (무리하게) 더하는 것이 좋다고(괴이하다고 하고 *기세춘, 최진석 / 재앙이라고 한다. *김학목)하고 마음의 기를 쓰는 것이 강하다고들(강포하다고 *기세춘 / 굳세다고 *최진석) 하지만 만물은 강해지면(기세등등하면 *최진석) 늙는(쇠락하는 *이석명) 것이니 이는 도에 부합하지 않는 것이다. 도에 맞지 않으면 일찍 끝나는(말단 무사에 그친다. *기세춘 / 일찍 끝나버린다. *최진석) 것이다.】

☞ 사람이 살면서 쌓아가는 감정의 흔적과 고착된 관념은 근원적 도에 부합하려는 것에 크나큰 장애가 된다. 그러므로 어린아이의 순수함이 도에 더 가까운 상태라고 하는 것이다. 우민愚民들이 말하는 도사와 신선의 전설처럼 하늘을 날고 맹수도 해치지 못한다는 말이 아니다. '벌과 전갈, 뱀도 물지 않고 맹수도 달려들지 않고 사나운 새도 쪼지 않는다'는 것은 '나(어린아이처럼)와 도와의 사이에 장애(도가 오염

되지 않음)가 없다'는 상징일 것이다. 아직 육체는 유약해도 정기는 때 묻지 않아 순박하다. 아이처럼 유연해도 생명의 기운은 약하지 않고 튼실하다는 것을 말한다.

만물의 조화로운 이치를 아는 것을 불변의 도를 아는 것이라 하고 이를 깨닫는 것을 밝은 지혜(현명함)라 한다. 사람들은 생명(수명)이 늘어난 것을 좋아하고 마음으로 정기를 쓰는 것을 강하다고 말하지만 이는 도의 순리에 맞지 않다. 익생왈상益生曰祥과 심사기왈강心使氣曰强을 긍정의 의미로 보는 것과 부정의 의미로 보는 것으로 의견이 나뉜다. 이어지는 문장의 부정성을 추측하면 부정적 의미에 가깝지 않을까?

도교에서는 연년익수年年益壽라고 가능한 생명을 연장하는 것과 우화등선羽化登仙(신선이 되어 날개를 단 듯 하늘로 오르는 것)하는 것을 교리로 내세웠다. 당시의 고단한 백성들에게는 이 말이 솔깃했을 것이다. 오래 사는 것이 나쁜 것

은 아니다. 억지로 더 살아보려고 또는 무리하
게 더 잘살아 보려고 하는 태도는 자연스럽지 못
한 것이다.

정기를 소모하며 생명을 연장하는 등의 수고도
노쇠와 죽음이라는 필연적 종착점은 바뀔 수가
없다. 사람들의 오래 살려는 욕망의 의미는 무
엇일까? 단지 긴 시간 속에서 변함없는 나날이
라면 그 늘어난 시간을 잘 사는 것이라고 할
수 있을까?

56. 아는 자는 말하지 않는다.

知者不言 言者不知 塞其兌 閉其門 挫其銳 解其紛
和其光 同其塵 是謂玄同 故不可得而親 不可得而
疏 不可得而利 不可得而害 不可得而貴 不可得而
賤 故爲天下貴
(지자불언 언자부지 색기태 폐기문 좌기예 해기분 화기
광 동기진 시위현동 고불가득이친 불가득이소 불가득이
리 불가득이해 불가득이귀 불가득이천 고위천하귀)

【(도를) 아는 자는 말하지 않고 말하는 자는
알지 못하는 것이다. 구멍을 막고 문을 닫으면
(외적인 조건, 감각에 몰두하지 않고 욕심이 없게 되면)
날카로움이 꺾이고 엉킨 것이 풀리리라. 그 빛
에 화합하여(감추고 *이석명) 티끌과도 같아지니
(드러난 지혜나 미미한 실정에도 일치하니 / 세상과 하
나가 되니 *이석명) 이를 현묘한 진리(도)와 같아
진다고 한다. 고로 쉽게 친밀해질 수 없고 멀
리하기도 어렵다. 이롭게 할 수도 없고 해롭게
할 수도 없다. 귀하게 할 수도 없고 천하게 할

수도 없다. 그러므로 천하를 귀하게 하는 것이 된다.】

☞ 도가에서 말하는 유일하고 현묘한 진리는 도다. 도는 안다고 말로 설명할 수 있는 것이 아니다. 도를 알기 위한 방법은 내면의 수양을 통한 개인의 체득이 유일하다.

색기태塞其兌 폐기문閉其門을 52장처럼 이해하면 될 것이다. 바뀌는 것을 막고 문을 닫으면 (외부 조건 또는 감각을 차단하면)으로. 이 장에서는 '좌기예挫其銳, 해기분解其紛, 화기광和其光, 동기진同其塵'이 중요하다.(소준섭과 최진석은 동기진을 속세와 함께 한다고 해석한다.) 날카로움을 꺾는다 (나는 외부로 향한 예민해진 감각이 사그라든다고 생각한다.)는 좌기예가 특히 이해의 핵심일 것 같다. 나는, 색기태, 폐기분을 포함해서 얽힌 것을 푼다는 해기분, 빛과 아우른다(일반적으로 '순화하다', '감추다'의 부정적 해석이지만 나는 그 부분에는 조금 의문이 있다.)는 화기광, 티끌처럼 된다는 동기진은 참선 명상과 부분적으로 통한다고 생각하고 있다. 살면서 쌓은 감정의 흔적, 고착된 마음을 풀어가며 소멸시키는 것이 도의 광명을 회복하는 것이기 때문이다. 내게는 명상 중에 아주 짧은 순간 그런 유사한 경험이 있었다.

도를 추구하는 것은 인생의 의미를 가치 있게 만드는 아주 중요한 것이다. 어렵지만 외면해서도 안 되며 과하게 드러내어 호들갑을 떨 것도 아니면서 절대 무시해 버려서도 안 된다. 도를 구하는 것은 내가 가진 것들의 해체·소멸(정신적인 부분)이기 때문에 철저히 개별적인 과정으로 이를 통해 깨닫는 도의 실마리를 안다고(현동玄同) 한들 말해줄 수 있는 것일까? 도는 무엇에든, 누구에게든 의도를 가지고 친소(가깝고 멀거나)하거나 이해를 주고받는 것이 아무런 의미도 없다. 그러므로 정말 귀한 것이다.

57. 군주는 일을 도모하지 않아야 한다.

以正治國 以奇用兵 以無事取天下 吾何以知其然哉
以此 天下多忌諱 而民彌貧 民多利器 國家滋昏 人
多伎巧 奇物滋起 法令滋彰 盜賊多有 故聖人云 我
無爲而民自化 我好靜而民自正 我無事而民自富 我
欲無欲而民自樸
(이정치국 이기용병 이무사취천하 오하이지기연재 이차
천하다기휘 이민미빈 민다리기 국가자혼 인다기교 기물
자기 법령자창 도적다유 고성인운 아무위이민자화 아호
정이민자정 아무사이민자부 아욕무욕이민자박)

【바르게 나라를 다스리고 무력을 사용함에 있
어 예기치 못하게(요란하지 않고 은밀히, 기발하게 /
책략으로 *이석명) 행한다. 일을 도모하지 않음으
로써 천하를 취하는 것이다. 내가 어찌 그러한
것을 알겠는가? 그냥 이렇게 알 뿐이다. 천하
에 꺼리고 피해야 할 것이 많아지면 백성은 더
가난해진다. 백성에게 도구를 이용할 일이 많
아질수록 국가는 더 혼란해진다. 사람들이 기

교 부리는 일이 많아지면 이상한 물건도 늘어
난다. 법령이 강화되어도 도적은 많아진다.(도적
이 많으니 법으로 제약할 일만 많아진다.) 그래서 성
인이 말하기를, "내가 무위하면 백성은 스스로
변하고, 내가 조용히 있으면 백성은 저절로 바
르게 되고 내가 일을 꾸미지 않으면 백성 스스
로 부유해질 것이고 내가 사욕이 없다면 백성
은 절로 순박해지리라" 하였다.】

☞ 노자는 '제발 쓸데없이 일 좀 벌이지 말라'
고 한다. 그것은 아무 일도 하지 말라는 것이
아니다. 지나치지 말 것, 불필요한 짓을 하지
말 것을 뜻한다. 기본적인 통치 행위와 백성들
의 생업에 필요한 일은 해야 한다는 기본 전제
다.

군주가 흔히 하려는 일은 영토를 넓히고(춘추시
대에는 의로운 전쟁이 없었다는 맹자의 말을 인용. *김
충렬), 세수稅收를 늘리고(생산량의 3분의 2를 세금
으로 거뒀다는 「춘추」를 인용. *김충렬), 궁궐을 짓는

등의 일이다.(실은 이 정도의 의지라면 그나마 다행이다. 폭력으로 핍박하고 흥청망청하는 것보다는 나을 것 아닌가?) 백성들과 달리 생계에 힘쓰지 않아도 되는 군주가 자기 존재를 부각시키려고 일을 도모함으로써 전쟁이 그치지 않는다. 전쟁에 몰리는 일이 적어야 백성도 편안하다. 오직 전쟁 그 자체를 위해서만 무력을 사용하지 않아야 한다. 불가피하게 나라를 지키기 위한 수단으로서는 사용해야 한다. 마지못해 전쟁하더라도 군사력을 기발하게 활용해서 전쟁을 길게 끌지 않아야 국력의 소모가 적다. 미련하게 전쟁을 하면 나라와 백성의 피해도 커진다.

꼭 필요한 생필품이나 삶의 편익 추구가 지나치면 쓸모없는 물건도 늘어난다. (문명이기文明利器에 휘둘리는 현대인의 삶을 보라. 기계에 의존하면 순수함과 소박함이 훼손되고 잔꾀만 늘어난다. *이석명) 어려운 생활에 사람들이 변칙을 부리기 때문에 법령이 자꾸 늘어난다. 그래도 그 모든 것을 통제하기는 쉽지 않다. 또는 지나친 속박으로

자율성과 생산성이 오히려 떨어진다.(*이석명)

그래서 성인(바른 군주)은 내가 도리에 지나치지
않게 행위하는 모습을(검소하고 바른 처신으로 모범
을) 보이고, 백성들을 강제하거나 억압하지 않
음으로써 백성들이 마음 놓고 생업에 종사하게
끔 하는 것이다. 군주가 좋은 모습을 안 보이
고, 편을 갈라 싸우게 하고, 국가 통치에 정의
로움·공평함이 없으니 백성들의 삶이 어려워지
고 많은 법령에 의지해도 통치하기가 쉽지 않
다.

58. 사태의 이면을 살피는 것

其政悶悶 其民淳淳 其政察察 其民缺缺 禍兮 福之
所倚 福兮 禍之所伏 孰知其極 其無正 正復爲奇
善復爲妖 人之迷 其日固久 是以 聖人方而不割 廉
而不劌 直而不肆 光而不燿
(기정민민 기민순순 기정찰찰 기민결결 화혜 복지소의
복혜 화지소복 숙지기극 기무정 정복위기 선복위요 인지
미 기일고구 시이 성인방이불할 염이불귀 직이불사 광이
불요)

【정치가 느긋하면(어수룩 *이석명) 백성은 순박
해진다. 정치가 지나치게 세밀하면(깐깐하고 엄격
하면) 백성은 삶에 여유가 없어진다. 화禍라는
것은 복福이 의지하는 것이다. 복이라는 것은
화가 엎드려 있는(잠복하는) 것이다. 누가 그 지
극한 의미를(이치를, 끝을) 알 것인가? 정답은 없
다. 바른 것(정상적인 것)은 비정상인 것이 되기
도 한다. 옳은 것은 바르지 않은 것이 된다. 선
한 것이 요사를 부리기도(괴이해지기도) 한다. 사

람의 미혹이란 참으로 답답하게 오래간다. 그러므로 성인은 넓다고(크다고) 나누지 않고(방정하되 가르지 않고 *최진석) 곧다고 쪼개지(예리하되 찌르지 *최진석) 않는다. 곧지만 지나치지 않고(솔직하되 멋대로 하지 않고 *최진석 / 거만하게 굴지 않고 *이석명) 밝지만 드러내지(튀지 / 눈부시지 *최진석 /누부시게 하지 *이석명) 않는다.】

☞ 이 장은 앞 장과 이어지는 생각일 것이다. 나는 이렇게 이해하고자 한다. 법이 깐깐해진 것은 백성들의 삶이 어려워진 현실을 반영한다. 백성들의 삶이 어려워진 것은 군주의 통치가 바르지 못하고 미흡하기 때문이다. 통치자는 백성을 위해 화와 복(복은 그냥 오는 것이 아니다. 뭔가에 대한 희생과 노력에 따라오는 것이다. 복이 화가 될 수도 있고 화가 복이 될 수도 있다.), 바른 것과 비정상, 선한 것과 요사스러운 것을 잘 살펴야 한다. 왜냐하면 사람(군주와 백성)의 미혹이란 참으로 만만치 않은 것이기에 그렇다. 그래서 사람과 사태를 함부로 재단(비판, 지적 *이석

명)하지 않는다. 그리고 자기를 드러내어 압박하지 않아야 한다.(백성들이 통치자를 구태여 의식하지 않아도 되는 정치가 바람직하다고 본 것 같다.)

법으로 모든 것을 규정할 수밖에 없게 된 현대에는 규칙을 지키는 것에 신경 쓰고 사는 일이 만만치 않다. 사태의 옳고 그름을 확정 짓기가 정말 어렵다. 옳고 그름은 각자의 입장에 따라 달라지기도 한다. 사람은 당장 눈앞의 것·상황에만 현혹되기 쉽다. 조급하게 대처하지 않음이 옳다. 따라서 성인은 예단하지 않는다. 섣부르게 설치지 않는다. 항상 상황의 이면을 같이 살피는 것이 바람직할 것이다. 나를 드러내는 것도 이와 같다. 성인은 주목받는 것을 꺼린다. 평범한 사람에게도 마찬가지다. 사태가 어떻게 바뀔지 알 수 없는데 나의 의지를 드러냈음에도 상황이 변해버릴 수 있기에 그렇다.

59. 일찍이 차근차근 덕을 쌓는다.

治人事天 莫若嗇 夫唯嗇 是謂早服 早服謂之重積
德 重積德 則無不克 無不克 則莫知其極 莫知其極
可以有國 有國之母 可以長久 是謂深根固祇 長生
久視之道
(치인사천 막약색 부유색 시위조복 조복위지중적
덕 즉무불극 무불극 즉막지기극 막지기극 가이유국 유국
지모 가이장구 시위심근고저 장생구시지도)

【사람들을 다스리고 하늘을 섬기는 데는 아끼
는 것만 한 것도 없다.(방종하거나 헛수고를 하지
않아야 한다. / 미리 통치의 원리를 따를 수 있다. *강
신주) 대저 그러한 아낌으로 (일찍이 도를) 따른다
고(미리 따르는 *강신주)하는 것이다. 조복을 일컬
어 덕을 거듭 쌓는다고 한다. 덕이 쌓이면 극
복하지 못할 것이 없다. 극복하지 못할 것이
없으면 그 끝(깊이)을 알 수가 없다.(어디까지 갈
수 있을지 모른다.) 그 깊이를 알 수 없다면 가히
나라를 가질 수 있고 나라를 가지게 한 그 근

본(국가의 어머니를 가져야 *강신주)이 오래가리라. 이것이 뿌리가 깊고 기초가 견고하다고 할 것이다. 오래 간직될 장생長生의 도(오래 살아 오래 볼 수 있는 방법 *강신주)라 할 것이다.】

☞ 색嗇을 농부의 행위·농사(색穡)로 해석하는 이도 있다. 최진석은 사랑한다(애愛)와 절약한다(검儉)로 해석(이를 한 마디로 '아낀다'고 한다. 자애로움과 검소함이라는 것)한다. 농부가 절검(절약과 검소 *기세춘)한다고 해석하기도 한다. 재물이나 정기를 아낀다는 의견도 있다. 그러나 달리 생각해 보고자 한다. 사람들을 다스리고 하늘을 섬기는 것에 갑자기 농사라니, 낯설다. 농부가 씨앗이나 거름, 노동력 등을 낭비하지는 않을 것이지만, 농사를 짓는 마음이란 '아끼는 것'보다는 '수확을 기대하며 인내하며 노동을 바치는 일'이다. 일 년 또는 그 이상의 땀과 보살핌이 필요한 일이다. 대부분 아낀다는 의미로 본다고 한다.(*이석명) 재물을 아끼고 간섭을 줄이고 정신과 욕망을 줄이라는 의미라는 것.

조복이란 일찍부터 덕을 겹쳐서 쌓는다고 하므로, '차근차근 단계를 이행하며 정성껏 정직한 수고를 통해서만 결실을 얻는 것'이라고 이 문맥을 이해하고 싶다. 만약 농사에 비유하면 봄이 되기 전부터 농사를 준비해야 한다. 농사에 지름길은 없다. 처음부터 엉뚱한 길로 가지 않고 차근차근하게 가야 하지 않을까? 덕을 쌓는 것도 마찬가지 아닌가? 덕이 오래 쌓이면 그 심오함이 측정하기 어려우리라.

노자는 낭비를 배제하고 아끼라고 한다. 이를 자연이란 개념과 더불어 단순히 현대의 환경보호 차원으로 생각하는 것은 적합하지 않다고 일부 연구자들은 말한다. 이강수는 정精과 기氣를 아끼며 자연의 이치를 터득하여 덕을 축적한다는 관념은 절욕설節欲說의 입장이라고 한다. (절욕은 생의生意를 위축시키므로 욕구의 방임을 주장하는 양주楊朱 등의 종욕주의縱欲主義 주장도 있었다고 한다. 의욕이 생겨야 살아갈 수 있는 것도 맞다.)

60. 도에 따라 나라를 다스리는 것은 쉽다.

治大國 若烹小鮮 以道莅天下 其鬼不神 非其鬼不
神 其神不傷人 非其神不傷人 聖人亦不傷人 夫兩
不相傷 故德交歸焉
(치대국 약팽소선 이도리천하 기귀불신 비기귀불신 기신
불상인 비기신불상인 성인역불상인 부양불상상 고덕교귀
언)

【큰 나라를 다스리는 것은 작은 생선을 삶는
일(간단한 요리 *소준섭)과 같다. 도로써 천하를
상대하면(대응하면) 귀신도 신통을 부리지 못한
다. (비록) 귀신이 아니더라도 신통함을 부릴 수
가 없다. (그) 신통함으로 사람을 해할 수가 없
다. (혹은) 신통함이 없더라도 사람을 해하지 못
한다. 성인 또한 사람을 해치지 않는다. 둘 다
(귀신이나 성인이나) 서로(사람을 *최진석, 이석명) 상
하게 하지 않으므로 덕이 서로에게(모든 사람들에
게 *최진석 / 신령스러움과 성스러움이 도와 합일해서

함께 *김학목) 돌아간다.】

☞ 소준섭은 팽소선烹小鮮에 대해 세 가지 해석 사례를 소개하고 있다. '작은 물고기라 모양이 쉽게 부서지기 때문에(*이석명도 같음.) 너무 뒤적거려서는 안 된다.' 또는, '기름, 소금, 장, 식초가 정확하게 배합되어야 하고, 지나쳐서도 부족해서도 안 된다.' 아니면 '요리를 하는 것처럼 어려우니 불을 잘 조절하고 조미료를 주의해야 한다'는 것. 최진석은 조심스럽게 한다고 한다. 이 말은 많은 용례用例에서 '어렵다'는 뜻으로 보고 있다. 하지만 맥락상으로는 이렇게 생각할 수도 있다. 솥에 삶는 것과 팬에 굽는 것에 따라 차이는 있겠으나 큰 생선을 뒤적이는 것과 작은 생선을 뒤적이는 것 중 어떤 것이 어려울까? 김학목은 왕필의 주에 따라 소란스럽게 하지 않는 뜻이라고 한다. 큰 나라를 다스리는 것은 쉬운 일은 아니겠지만(또는 너무 쉽게 생각해서) 방정맞게 뒤적이지(설치지) 말라는 뜻일 수 있다. 만약 도를 따른다면 큰 나라를

다스리는 일도 작은 생선을 삶듯이 쉬운 일이 될 것이다. 도를 기준으로써 나라를 다스리기 때문에 백성에게 해로울 것이 없다. 심지어 귀신도 사람을 상하게 할 수 없다.(미신이나 혹세무민하는 종교의 관점 *이석명) 그 존재가 무엇이든 (귀신이더라도) 사람을 상하게 하지 않으므로(성인은 백성에게 의식되지 않아야 하므로 *이석명) 덕이 있다고 할 것이다.

'기귀불신其鬼不神 비기귀불신非其鬼不神 기신불상인其神不傷人 비기신불상인非其神不傷人'에 대해서 이경숙은 귀鬼는 죽은 자의 혼이고, 신神은 산자의 혼이라고 한다. 그러므로 귀가 신에 작용한다거나 사람을 상하게 하지 않는다는 것이다. 노자의 세심한 반어적인 논법은 의외로 군더더기를 줄이는 효과가 있다.

61. 대국과 소국이 서로 돕다.

大國者下流　天下之交　天下之牝　牝常以靜勝牡　以
靜爲下　故大國以下小國　則取小國　小國以下大國
則取大國　故或下以取　或下而取　大國　不過欲兼畜
人　小國　不過欲入事人　夫兩者各得其所欲　大者宜
爲下
(대국자하류　천하지교　천하지빈　빈상이정승모　이정위하
고대국이하소국　즉취소국　소국이하대국　즉취대국　고혹하
이취　혹하이취　대국　불과욕겸축인　소국　불과욕입사인　부
양자각득기소욕　대자의위하)

【큰 나라는 하류에 있으며 천하와 교류(겸손하
게 처신 *김학목 / 낮은 곳으로 흘러야 *이석명)한다.
그래서 대국은 천하의 어미와 같은(세상의 암컷이
되면 세상 사람들이 모여들 *이석명) 역할이다. 보통
암컷은 조용히(고요함으로 *이석명) 수컷을 이기
는 존재다. (그래서) 아래에 가만히 위치한다. 그
래서 대국이 소국의 아래에 있는(자신을 낮추는 *
최진석) 것이다. 그렇게 소국을 품어준다(작은 나

라를 취한다. *최진석). 소국은 대국의 아래에서 대국에 의지한다.(큰 나라로부터 많은 것을 얻는다. *최진석 / 받아들여지기도 *이석명) 그렇게 아래에 도움을 주고 아래에서 기대기도(낮추어서 취하기도, 받아들여지기도 *최진석) 하는 것이다. 대국은 사람(백성)들을 거느리려는(빼앗는) 욕심을 부리지 않아야 하는(육성하고자 하는 것에 지나지 않고 *김학목) 입장이고(영도하려 할 뿐이고 *최진석) 소국은 섬기려는 욕심을 부리지 않아야 하는 입장이니(섬기려고 할 뿐인데 *최진석 / 섬기고자 하는 것에 지나지 않으니 *김학목) 대저 대국과 소국 모두 각자 바라는 바가 따로 있는 것이다. 큰 것(나라)이 아래의 입장에서 베푸는 것이 마땅하다. (중요한 것은 자신을 낮춰야 한다는 것이다. *최진석)】

☞ 대국은 아래에 있으면서 소국을 도와주는 입장이고 소국은 대국의 아래에 있기를 자처하며 대국에 의지한다. 보통 암컷은 수컷보다 강하다.(이 말을 실감한다!) 그럼에도 암컷은 수컷에 앞서 자기를 드러내지 않는다.(현대와 달리 옛날에

는 그것을 여자의 덕성이라 생각했었으니까?) 내면에 강인한 심지心志를 간직한 채 조용히 따른다. 노자가 생각하는 고요함은 만물의 본질이다.(* 이석명) 암컷의 모성母性처럼 자식을 생각하듯 대국은 소국을 수용하고 받아준다. 대국은 아래(소국)를 살펴주고 소국은 자기를 낮춤으로써 (바라는 바를) 얻을 수 있기에 아래에 있음으로써 오히려 얻기도 하는 것이다. 당시에 중국의 천자로부터 봉토封土를 받은 제후국들의 합종연횡이라는 개념을 연상하게 된다. 취한다는 말은 뺏는다는 것보다 신뢰로서 손을 잡는다는 의미가 강할 것 같다.

대국은 과욕을 부려 소국의 사람을 차지하려하지 않아야 하고 소국은 과욕을 부려(지나치게) 대국을 섬기지 않아야 한다. 대국으로선 소국이 고개를 숙이고 들어오니 거만하게 굴어 소국을 합병하고 싶을 것이지만 손을 맞잡는 것으로 만족하여야 하고, 소국은 대국에 빌붙으려니 지나치게 비굴해지면 나라를 뺏기는 꼴이

된다. 맹목적 사대주의가 아니라 현명한 주체
성이 필요한 법. 노자가 생각하는 대국과 소국
의 누구도 상처받지 않는 공존의 방법이다. 그
러니 양자(대국과 소국)가 공존하며 각기 바라는
바를 얻으려면 큰 나라가 낮게(양보하는) 처신해
야 한다. 즉, 대국은 양보해 주고 소국은 비굴
하지 않아야 한다. 당시 중국은 제후국의 경계
가 심각했을까? 백성의 입장에서는 어느 곳에
속한들 정체성이 달라지거나 고수되어야 하는
명분과 이유가 있었을까? 그러니 나라 간에도
공존을 위해 경우와 도리를 지키자는 주장이
가능할 수 있다. 세상의 모든 나라가 이렇게
교류하면 좋으련만. 현재의 세상은 정반대다.
대부분 국가 정체성의 분명한 구별, 자국 이기
주의의 팽배에 힘 좀 있다는 나라는 행패를 부
리고 약한 나라는 눈치 보기 급급하다.

62. 도는 권력과 재화보다 귀한 것

道者 萬物之奧 善人之所寶 不善人之所保 美言可
以市 尊行可以加於人 人之不善 何棄之有 故立天
子 置三公 雖有拱璧 以先駟馬 不如坐進此道 古之
所以貴此道者何 不曰以求得 有罪以免耶 故爲天下
貴
(도자 만물지오 선인지소보 불선인지소보 미언가이시 존
행가이가어인 인지불선 하기지유 고립천자 치삼공 수유
공벽 이선사마 불여좌진차도 고지소이귀차도자하 불왈이
구득 유죄이면야 고위천하귀)

【도라는 것은 만물 가운데 있는 것이니(흐릿함
이니 *김학목 / 흘러드는 곳이니 *이석명) 선한 이에
게는 보배이고 선하지 못한 사람일지라도 보호
해 주는(만물이 모여들어 의지하는 *최진석 / 보존하
는 *김학목 / 보배로 여기는 *이석명) 것이 된다. 아
름다운 말은 저잣거리에 나도는 것이고(가치가
있고 *김학목 / 불러 모을 수 *이석명) 존경받을 행
실은 사람에게 보탬이 될 것이지만(권위적인 행동

도 사람에게 영향을 줄 수 있으니 *최진석 / 영향을 미치지만 *김학목), 사람이 선하지 못하다고(좋지 않은 일이라고 해서 *최진석) 어찌 포기하겠는가? 그러므로 천자를 내세우고 삼공三公을 배치하고, 비록 옥으로 치장하여 사두마차를 앞세우더라도 가만히 앉아서 도를 행함만 못하다. 옛날에 이 도를 귀하게 여겼던 까닭이 무엇이겠는가? 구하면 얻을 수 있고 죄가 있어도 면할 수 있다고 말하지 않았던가? 그러므로 (도가) 천하에 귀한 것이라고 여겨지는 것이다.】

☞ 도라는 것은 천하 만민·만물에 공평한 것이다. 선하건 선하지 않건. 실은 도에게는 선악의 개념이란 없다. 누군가 선하지 못하고 부족하더라도 그 사람을 포기하지 않는 것이 도의 입장이다. 시중에 떠도는 미사여구나 명예라는 것도 도라는 실제적인 근본에 비추어보면 중요한 것은 아니다.

이석명은 새로운 지도자가 즉위하면서 대규모

행사를 치르는 것(권세를 누리는 것)은 지도자가 조용히 도를 향해 나아가는 것만 못하다고 한다. 도는 포용력을 지니므로 비록 불선한 사람이라도 버리지 않는다.

도는 추구하여 얻지 못할 것이 아니다. 또한 깨달으면 죄업을 씻는 것이기도 하다. (불교에서 참선을 통해 죄와 마음을 소멸하는 진참회眞懺悔와 같다고 할 수 있다.) 그러니 도를 깨달으려는 자세야말로 얼마나 소중한가. 하지만 우리는 현실의 감각적인 것, 물질적인 것에서 빠져나오지 못하고 있다. 도를 구하는 것과는 정반대인 세속적인 현실 때문에 도가 어렵게만 느껴지는 것.

63. 무위와 담백함으로 행한다.

爲無爲 事無事 味無味 大小多少 報怨以德 圖難於
其易 爲大於其細 天下難事 必作於易 天下大事 必
作於細 是以聖人終不爲大 故能成其大 夫輕諾必寡
信 多易必多難 是以聖人猶難之 故終無難矣
(위무위 사무사 미무미 대소다소 보원이덕 도난어기이
위대어기세 천하난사 필작어이 천하대사 필작어세 시이
성인종불위대 고능성기대 부경낙필과신 다이필다난 시이
성인유난지 고종무난의)

【무위로써 행하고 일하지 않은 듯이 일하고
담백함에 뜻을 둔다.(무미건조하듯 행한다.) 큰 것
은 작게 하고 많은 것은 적게 한다.(작은 것을 크
게 보고, 적은 것을 많게 보며 *최진석 / 큰일이든 작은
일이든 *이석명) 원한도 크건 작건, 많건 적건 갚
으려면 덕으로 갚는다. 어려운 것은 쉽게 도모
하고 큰 것을 세심하게 행한다. 천하의 어려운
일도 쉬운 것에서 시작되고 천하의 큰 일도 세
심하게 시작한다.(작은 것에서 일어난다. *김학목)

성인은 크게 행하지 않으니 능히 크게 이룬다. 대체로 가볍게 받아들이면(쉽게 하는 대답은 *이석명) 믿음이 적고(생기지 않고), 쉬운 게 많으면(사태를 너무 쉽게 보면 *최진석) 어려움도 많아진다. 따라서 성인은 어렵게 여긴다. 그리하여 어려움이 없이 끝내게 된다.】

☞ 글자에 집착하면 해석이 어려워지는 것은 여전하다. 큰 문맥의 흐름만 생각해 본다.

무엇에 과욕을 부리면 성사가 어려워진다. 차라리 무심한 듯 행함만 못하다. 일을 해보면 안다. 큰일은 세부적으로 분할하고, 많은 일도 차근차근 해결해 가면서 완수할 수 있다. 디테일이 중요하다. 작은 부분을 세심하게 해내지 못하면 큰일도 못 한다. 꼬장꼬장하게 일을 힘들게 한다는 뜻이 아니다. 잘 살펴서 미리 허물없게 한다는 말이다. 일은 시작이 중요하다.

원한도 크게 생각하면 끝이 없으니 작게 받아

들여 마음의 응어리를 풀어내는 것이 바람직하다. 못 풀어낼 만한 원한이 얼마나 되겠는가? 원한을 위해 인생을 소모할 수는 없으니. (그래서 예수께서도 "누가 네 오른쪽 뺨을 치거든, 왼쪽 뺨마저 돌려 대어라"고 하신 것 아닐까?) 지독한 감정의 상태를 간직하고서 도道(또는 천국이라는 근원)의 세상에 들어갈 수 있을까? 내 마음이 편안해지는데 가장 큰 장애는 아마 원한일 것이다.

쉬운 것을 경박하게 행하다 큰 어려움을 겪는 일도 허다하다. 성인은 일에 마음을 두지도 않고 담박하게 행하되 놓치는 것 없이 세심하다. 그러니 어려워서 못 이룰 것도 없다.

64. 천 리 길도 한 걸음부터

其安易持　其未兆易謀　其脆易泮　其微易散　爲之於
未有　治之於未亂　合抱之木　生於毫末　九層之臺　起
於累土　千里之行　始於足下　爲者敗之　執者失之　是
以聖人　無爲故無敗　無執故無失　民之從事　常於幾
成而敗之　愼終如始　則無敗事　是以聖人欲不欲　不
貴難得之貨　學不學　復衆人之所過　以輔萬物之自然
而不敢爲
(기안이지 기미조이모 기취이반 기미이산 위지어미유 치
지어미란 함포지목 생어호말 구층지대 기어루토 천리지
행 시어족하 위자패지 집자실지 시이성인 무위고무패 무
집고무실 민지종사 상어기성이패지 신종여시 즉무패사
시이성인욕불욕 불귀난득지화 학불학 복중인지소과 이보
만물지자연이불감위)

【안정되면 유지하기 쉽고 조짐이 없을 때 꾀
하기 쉽고 무르면(취약할 때 *최진석) 쪼개기 쉽
고 작을 때(미세할 때 *최진석) 흩트리기 쉽다. 아
직 드러나기 전에 행하며 어지러워지기 전에
다룬다. 아름드리나무도 털끝만 할 때부터 자

랐고 구층의 누대樓臺도 한 줌 흙이 쌓여 세워졌고 천 리 길도 한 걸음부터 시작하는 것이다. (사심을 가지고) 이루려는 자는 패하고 붙잡으려는(집착하는 *최진석) 자는 잃는다. 그러므로 성인은 무위함으로 실패하지 않으며 집착하지 않으므로 잃지 않는다. 사람들이 하는 일은 언제나 거의 성공 단계에서(빌미가 이루어질 때 하기 때문에 *김학목) 실패한다. 마치는 것을(마칠 때까지) 처음처럼 신중히 한다면 실패하는 일이 없을 것이다. 그래서 성인은 욕심 없기를 바라며(욕망하지 않기를 욕망하고 *최진석, 이석명), 얻기 어려운 재화를 귀하게 여기지도 않는다. 배우지 않고도(배우지 않는 것을 / 배우지 않는 태도를 배워 *최진석) 배우며 사람들이 지나쳐버리는 것을 돌아본다.(뭇사람들이 잘못한 바를 회복시킨다. *김학목 / 가르치지 않음을 가르쳐 사람들이 짓는 허물을 회복시킨다. *이석명) 만물이 자연 그대로인 것을 도와주기만 할 뿐(지켜볼 뿐), 억지로(의도를 개입시켜 *최진석) 이루려 하지 않는다.】

☞ 이 장은 두 가지 측면을 생각해 볼 수 있겠다. 안정되기 위해선 기반이 튼튼해야 한다는 의미가 있는 반면에 한편으론 어떤 일을 도모함에 있어 성사시키기 어려워지기 전에 행하라는 것. 기반이 탄탄하면 무너지기 어렵다. (그러나 의외로 사소한 것에서 무너지기도 한다.) 그러니 무너뜨리려면 기반을 갖추기 전에 도모하는 것이 가능성이 높아진다. (이것이 정략이나 병법, 권모술수의 가르침인가? 어차피 세상사 이치가 그런 것이므로 구태여 확대해석할 필요는 없지 않을까?)

일이란 미리 준비하고 도모하는 것이 실패의 확률이 낮다. 보통 잘못된 일은 처음부터 문제 발생의 소지를 품고 있다. 그리고 인내심을 가지고 차근차근히 해나가야 하며 처음과 끝은 항상 마음가짐이 같아야 한다. 거의 다 이루고서 마지막에 사소한 실수로 무너지는 것을 자주 본다. 사소한 것도 놓치지 않는 것(배움을 얻는 것)이 중요하다.

노자가 말하고자 하는 것은 그 모든 근본 바탕은 사심이 없는 것이지 아무 생각 없이 행하라는 뜻은 아닌 듯하다. 욕불욕欲不欲은 개인의 주관적인 의지를 버리고 무위의 삶을 살아가는 것을 의미한다.(*이석명) 사심이나 욕심이 들어가면 집중력을 빼앗겨 중요한 것을 놓치게 하기 때문이다. 재화를 귀히 여기지 말라는 것도 같은 맥락일 것이다. 이 '사심을 가지지 않음'은 도와 자연에 대한 입장으로 확장되고 있다.

참고로, 이석명은 죽간본과 백서본의 학불학學不學이 죽간본에는 교불교敎不敎로서 사람들의 허물을 일깨우기 위한 가르침이므로 학불학은 교불교의 오류인 것 같다고 한다.

65. 하늘의 방식은 일부러 하지 않는 것

古之善爲道者　非以明民　將以愚之　民之難治　以其
智多　故以智治國　國之賊　不以智治國　國之福　知此
兩者　亦稽式　常知稽式　是謂玄德　玄德　深矣　遠矣
與物反矣　然後乃至於大順
(고지선위도자 비이명민 장이우지 민지난치 이기지다 고
이지치국 국지적 불이지치국 국지복 지차양자 역계식 상
지계식 시위현덕 현덕 심의 원의 여물반의 연후내지어대
순)

【옛날 (도를) 바르게 행했던 도인은 백성을 깨
우치려 하지 않고 우매한 그대로(어리숙하게 만들
고자 *이석명) 두었다. 백성을 가르치기 어려운
것은 오히려 아는 바(자신이 잘 안다고 생각하는바)
가 많아서다. 그러므로 아는 것으로 나라를 통
치하는 것은 나라를 해치는 것이다. 지식으로
나라를 통치하지 않는 것은 국가의 복이다. 이
두 가지를 알면 하늘의 법도(이치, 방식)를 헤아
릴 수 있다. 변함없이 그러한 법식(기준 *최진석)

을 알고 있는 것을 지극한 덕이라 한다. 현덕
은 심오하여 만물에 반하는 것 같지만(사물과 함
께 되돌아간다. *김학목) 결국은(그런 다음에 *김학목)
위대한 순리(크게 다스려짐 *이석명)에 이르는 것
이다.】

☞ 백성들이 알아서 병이라고 노자는 생각했을
까? 그래서 백성들이 무지한 것이 좋다는 말인
가? 하지만 그런 뜻이 아닐지 모른다. 세상을
바로잡아야 한다고 온갖 주장이 난무하던 당대
에 그런 것들이 나라와 백성의 안정에 기여하
지 못했다는 한탄이 아닐까? 지금 우리나라의
상황을 봐도 그렇다는 생각이 든다. 우리 국민
은 너무나 똑똑하다. 확고한 논리와 주관으로
무장되어 있다. 아마 죽을 때까지 이를 버리려
하지 않을 것이다. 우리 국민의 정치와 세태에
대한 나름의 비판은 매우 신랄하다. 그러니 사
회는 화합하지 못하고 온갖 배타심으로 분열이
극심하다. 통합을 이루어 안정된 사회를 이룰
수 있을까, 진한 의심이 생긴다.

여기서 말하는 지식이란, 군주의(백성 역시) 잔머리나 술수, 편법일 것이다. 백성을 나쁘게 가르친다는 말이다. 군주가 순수하면 백성도 잔꾀나 편법에 머리가 트일 이유가 없어진다.

『노자』에서 노자의 권력욕과 사심을 느끼기보다는 세상에 대한 분노, 환멸과 한탄이 먼저 느껴진다. 내가 잘 못 본 것일까? 정말 우민화를 주장한 것인가? 노자는 안타까움에 도를 떠올리는 것은 아닐까? 지식으로 나라를 다스리는 여부가 '나라의 적'과 '나라의 복'이라는 개념으로 곧, 계식稽式이라는 말로 설명하고 있다. 주변의 여러 나라 꼴을 보면 배울 수 있는, 경험상 당연히 알만한 기준이라는 말일 것이다.

변함없는 법칙에 따라 도는 (만물을) 낳았으되 없는 듯이 보이고, 이루었지만 그것에 기대지 않는다. 으뜸이지만 주재하지 않는다. 이것이 현묘한 덕이다.(51장에도 같은 현덕의 설명이 있다.)

66. 낮게 처신하며 나서지 않아야 한다.

江海所以能爲百谷王者　以其善下之　故能爲百谷王
是以聖人欲上民　必以言下之　欲先民　必以身後之
是以聖人　處上而民不重　處前而民不害　是以天下樂
推而不厭　以其不爭　故天下莫能與之爭
(강해소이능위백곡왕자 이기선하지 고능위백곡왕 시이성
인욕상민 필이언하지 욕선민 필이신후지 시이성인 처상
이민부중 처전이민불해 시이천하락추이불염 이기부쟁 고
천하막능여지쟁)

【강과 바다가 온갖 골짜기의 왕이 된 것은 스
스로 낮추기 때문이다. 그래서 온갖 골짜기의
왕이 될 수 있었던 것이다. 사람의(백성들) 위에
있으려면 말을 낮추고 사람의 앞에 나서고자(드
러내고자) 하면 처신을 뒤에 두어야 한다. 성인
은 사람들 위에 있더라도 사람들이 중압감을
느끼지(부담스러워 하지 않고 *최진석) 못하고 앞에
나서도 사람들에게 해로움을 끼치지(방해하지 *
이경숙 / 거추장스럽게 생각하지 *최진석) 않는다. 그

래서 천하가 그를 싫어하지 않았고 즐거이 천
거하였다. (스스로) 다투지 않으려 하므로 천하
도 그와 다투려 하지 않았다.】

☞ 온갖 골짜기의 물은 강과 바다로 흘러간다.
강과 바다는 낮은 곳에 위치하며 모든 것을 받
아들인다. 거만하게 말하며 앞서서 거들먹거리
지 않는 처신은 굳이 성인이 아니더라도 필요
하다. 있는 듯 없는 듯한 처신이 이상적임을
노자는 계속 말하고 있다.

천하도 그런 처신을 하는 성인으로써 '천하를
위하는 자로 선택'하는 것이다. 그러나 그런 자
를 선택하지 못하는 인간 세상에는 해로운 자
(폭군)가 나서고, 그에게 기생하여 사익을 취하
는 소수의 무리가 있어 세상을 더욱 나쁘게 몰
아간다.

67. 노자가 간직해온 세 가지 보배

天下皆謂我道大 似不肖 夫唯大 故似不肖 若肖 久
矣其細也夫 我有三寶 持而保之 一曰慈 二曰儉 三
曰不敢爲天下先 慈故能勇 儉故能廣 不敢爲天下先
故能成器長 今舍慈且勇 舍儉且廣 舍後且先 死矣
夫慈 以陳則勝 以守則固 天將救之 以慈衛之
(천하개위아도대 사불초 부유대 고사불초 약초 구의기세
야부 아유삼보 지이보지 일왈자 이왈검 삼왈불감위천하
선 자고능용 검고능광 불감위천하선 고능성기장 금사자
차용 사검차광 사후차선 사의 부자 이진즉승 이수즉고
천장구지 이자위지)

【천하가 나의 도(나를 *최진석)를 크지만 (도)
같지 않다고(기대에 못 미치는 것 같다고 / 위대하다
하더라도 그렇게 보이지는 않는다. *최진석 / 본받지 않
는 것 같다. *김학목) 한다. 대저 크기 때문에 부
족해 보이는 것을. 만약 (실제로) 그렇게 부족한
것이었더라면(위대한 것처럼 보였다면 *이석명) 오
래전에 미미해졌을 것이다.(영구히 자질구레 했을
것 *기세춘 / 별 볼 일 없는 사람이 되었을 것이다. *

최진석) 내게는 세 가지 보배가 있어 그것을 간직해왔다. 첫째는 자애로움이고 둘째는 검소함이고 셋째는 천하에 감히 나서지 않는 것이었다. 자애롭기에 능히 용기가 있는 것이고 검소하기에 여유롭고(마음이 넓어질 수 있고 *이석명) 감히 앞장서지 않기에 능히 그릇(천하 *최진석)이 되어 으뜸이 될(오래 갈) 수 있는 것(온 세상의 지도자가 될 수 있다. *최진석). 요즘 세태는 자애로움도 버리고 용기를 취하고 검소함도 버리고 여유로워지려 하고 뒤에 있지 않고 앞서려 하니 마치 죽으려는 것과 같다. 대저 자애로우면 싸워 이기는 것이요 견고하게 지키는 것이다. 하늘도 장차 구할 것이고 자애롭게 지켜줄 것이다.】

☞ 천하가 '크다고(위대하다고) 보는 것'이 노자의 도인가? 노자인가? 최진석은 노자라고 보고 있다. 나는 도라고 생각하고 있다.(백서본에는 천하개위아대天下皆謂我大로 도道가 빠져 있다. *최진석) 노자는 소중하게 간직해온 것들 중 하나가 '감

히 나서지 않는 것'이라 한다. 그런데 노자가 치세에 욕심을 부렸다는 평가는 납득하기 어렵다. 그가 주장하는 도가 당장의 현실에 변화를 주지 못하므로 당시 사람들은 도가 무엇인지, 기대하던 바와 다르다고 말들을 했을 것이다. 그러나 도가 (워낙 큰 이치이기에) 그런 것(세속적 삶에 부합되는 것)이 아님을 노자는 알고 있었다. 그래서 당신들이 말하듯이 하찮은 것이었더라면 진즉에 사라졌을 개념이었을 것이라고 말한다.

노자의 3보는 자애로움, 검소함, 감히 나서지 않는 것이라고 한다. 의외로 쉽고 단순한 것들이다.(하지만 보통 사람은 하기 어려운 것.) 59장에서 색嗇을 자애로움과 검소함이라고 하였다.(*최진석) 노자의 3보 중 지도자가 갖추어야 할 핵심 덕목은 자애로움이다.(*이석명) 자애로움은 모성의 사랑이다. 기본적으로 세상과 생명에 대한 연민이 있으므로 그들을 위해 용기를 낼 수 있는 것이다. 검소함은 현대의 환경문제를 고려

하더라도 꼭 필요한 인간 삶의 덕목이다. 검소
하면 작은 것에서 만족할 수 있기에 마음이 넓
어진다.(*이석명)

당대나 현대나 세태는 노자의 생각과 다르다.
인간에 대한 기본적인 따뜻함이 없는 지도자들
이 온 세상을 망치고 있다. 그들은 미래를 생
각하지 않는다. 자기 권력만을 생각한다. 개인
들은 물질만능에 빠져 있다. 현대인은 자본주
의에 길들여져 최대한 누리고 여유롭게 살기를
바라고 있다. 기회만 되면 이익을 바라며 자기
를 알리려 아우성친다. 조용히 자기를 성찰하
는 사람이 도무지 없다. 이것이 자본주의의 폐
해라고 생각해 온 사람들이 많았다. 하지만 자
본주의는 인간 본성에 의지하여 개선될 조짐이
없다. 심지어 자본을 지키는 것을 자유를 수호
하는 것이라고 부르짖고 있다. 세상의 어떤 주
의나 이념도 인류 공존을 도모하지 않고 그 이
면의 실상은 물질(자본, 경제)에 의지하고 있다.
물질의 소모는 극심한 환경 폐해로 이어지고

있다. 마치 다 같이 죽자는 것 같다. 도의 차원
이 아니라도 김용옥의 말처럼 노자의 혜안은
옳았다.

68. 잘 싸우는 자는 분노하지 않는다.

善爲士者不武　善戰者不怒　善勝敵者不與　善用人者
爲之下　是謂不爭之德　是謂用人之力　是謂配天　古
之極
(선위사자불무　선전자불노　선승적자불여　선용인자위지하
시위부쟁지덕　시위용인지력　시위배천　고지극)

【바르게 행하는 선비(장수 노릇을 잘하는 자 *최진
석 / 훌륭한 무사 *이석명)는 자만하지(무용으로 넘쳐
나지 *최진석) 않는다. 잘 싸우는(전쟁을 잘 수행하
는 *최진석) 자는 분노하지 않는다. 잘 이기는
자는 편들어(끼어들어) 다투지 않는다. 사람을
잘 쓰는 이는 자기를 낮추어 처신한다. 이를
싸우지 않고 행하는 덕이라 하며 사람을 쓰는
힘이라 한다. 이것을 하늘의 뜻에 부합하는 것
이라 하고, 지극한 옛 지혜(궁극적인 방침 *최진석
/ 천고의 법칙 *이석명)에 이른다고 한다.】

☞ 뒤의 문맥을 보면, 사士를 장수, 무武를 무

력으로 해석하는 것이 뜻에 가까울 것 같지만, 선비라는 표현도 가능하다. 불여不與를 이경숙은 '직접 부딪히지 않는다'고 해석한다. 이 말이 이해하기는 더 쉬울 것 같다. 손자병법에서도 싸우지 않고 이기는 것이 제일 잘하는 싸움이라 했다. 자기를 낮추면 싸울 일이 줄어든다.

잘 싸우는(전투 기술이 뛰어난 것만 아니라 지혜로운 싸움이다.) 방법은 일부러 싸움판에 끼어들지 않는 것도 중요하다. 분노하면 감정에 휩쓸려 냉정하게 싸움판을 장악하기 어렵다. 걸어오는 싸움은 피하지 않는 것을 용감하고 비겁하지 않다고 하는 이도 있지만 이는 미련한 짓이다. 백전백승이라는 것은 불가능하다. 언젠간 반드시 질 수 있는 순간이 있다. 싸우지 않아도 되는 것이라면 피하는 것에 더 가치가 있다고 보고 싶다.

69. 한 치를 나아가면 한 자를 물러나라.

用兵有言 吾不敢爲主而爲客 不敢進寸而退尺 是謂
行無行 攘無臂 執無兵 扔無敵 禍莫大於輕敵 輕敵
幾喪吾寶 故抗兵相加 哀者勝矣
(용병유언 오불감위주이위객 불감진촌이퇴척 시위행무행
양무비 집무병 잉무적 화막대어경적 경적기상오보 고항
병상가 애자승의)

【병력을 쓰는 것에(용병술에) 이런 말이 있다.
"나는 감히 주인공 행세하지 않고 손님처럼 행
세하며(공격하기보다 공격해 오길 기다리며 *이석명),
한 치를 나아가면 한 자만큼 물러나라"(과감한
일촌寸의 전진보다는 일척尺을 후퇴한다. *최진석)는
말이 그것이다. 소위 이를 일컬어 '행하지 않으
면서 행한다'(진 없는 진을 펴고 *이석명)고 하고
팔을 쓰지 않고 물리친다고(팔을 걷어붙이고 겨루
려 하나 부딪칠 팔뚝이 없고 *최진석 / 팔 없는 팔을
걷어붙이며 *이석명) 한다. 병력을 쓰지 않아도(무

기 없는 무기를 잡는다고 *이석명) 적이 없어지는(천
하무적이 될 *이석명) 것이다. 적을 경시하는 것처
럼 큰 화는 없다.(화는 적이 없는 것만큼 큰 것이 없
다. *최진석) 적을 경시하면(적이 없다면 *최진석)
나의 보물(자애로움 *이석명)을 잃게 될 것이다.
병력이 서로 대치하면 (병사의 희생을 / 적을 *이
석명) 불쌍히 여기는(자애로운 *최진석) 자가 이기
는 것이다.】

☞ 노자가 말하는 이런 전쟁의 방법은 게릴라
전과 비슷하다. 만약 나의 세가 약한 전쟁에서
앞장서 전면전으로 설칠 필요가 있을까? 손님
처럼 눈치도 보고 상황을 살펴 가며 처신해야
유리하다. 한 치를 나서기 위해 한 자를 물러
서는 것처럼 신중하게. 적을 끌어들여 아군은
물러나서 적의 보급을 끊는 전략과 유사하다.
직접 싸우지 않고도 적이 물러가면 최고다.

최진석은 왕필본의 '화막대어경적禍莫大於輕敵'
에서 경輕은 원래 무無라고 한다. 적을 무시하

는 것이 아니라 적이 없는 것이 화라니? 그는 노자가 말하는 무적은 자기가 너무 강해서 대적할 상대가 없다는 뜻이 아니라 '자기가 자애롭지 못하고 물러설 줄도 몰라서 대적할 상대 자체를 잃어버린 꼴'이라는 것이다. 이는 노자의 삼보(67장)를 잃어버린 결과라고 한다. 경輕이나 무無나 맥락을 만들기는 가능한 것 같다.

병력이 우위에 있다고 자만한 대군이 작은 군대에 대패하는 전쟁이 역사에서 허다하다. 이는 자기 군사의 목숨을 아끼지 않는 처사다. 내 목숨이 소중하듯 병사의 목숨도 소중하니 신중하게 일격 필살로 적의 맥을 끊어 최소한의 싸움으로 끝내야 한다. 희생이 큰 상처뿐인 승리를 이겼다고 좋아할 일인가? 노자의 생각은 가능하면 싸우지 않고 피치 못해 싸우더라도 피차 희생을 적게 하는 것이 아닐까?

70. 알고 행하기도 쉽지만 못하는 것

吾言甚易知 甚易行 天下莫能知 莫能行 言有宗 事
有君 夫唯無知 是以不我知 知我者希 則我者貴 是
以聖人 被褐懷玉
(오언심이지 심이행 천하막능지 막능행 언유종 사유군
부유무지 시이불아지 지아자희 칙아자귀 시이성인 피갈
회옥)

【내 말은 알기가 너무나 쉽고 행하기도 매우
쉽다. (그런데) 천하의 사람들은 알아보지도 못
하고 행하지도 못한다. 말에는 근본이(핵심이 *
이석명) 있고 일(실천 방안 *최진석)에는 (행하는)
주체(근거 *최진석 / 으뜸 *김학목 / 근본 *이석명)가
있다. 대저 무지하다는 것은 자신을 알지 못하
는 것이다. 자기(나 *최진석)를 아는 자가 드물
기에 자기라는 존재(나를 따르는 자 *최진석 / 나는
*이석명)가 귀하다. 그러니 성인은 베옷을 입고
도 옥을 품고 있는 것이다.】

☞ 53장에서 도의 길은 평이하나 사람들은 지름길을 좋아한다고 노자는 말했다. 도는 어려운 것이 아닐지 모른다. 하지만 대부분 사람들은 그것이 무엇인지 전혀 짐작조차 못 하고 있다. 우주의 탄생과 만물이 생성하고 소멸하는 이치라는 점에서는 현대인은 많은 기초 소양을 갖추고 있다. 다만 체감이 되지 않을 뿐이다. 도를 깨달으면 "이렇게 쉬운 것임을", 하고 알아챌 수 있을지 모르겠다.

노자가 도를 말하고 있지만 그 말에는 (도라는) 핵심이 있다. 일에도 행하는 주체가 있듯이. 도의 핵심을 모르는 것은 진정한 자기(나 / 노자 * 최진석)를 모르는 것과 같다. 도는 내게도 있기 때문이다. 불교에서 말하는 진아眞我를 '참 나'라고 한다. 도를 깨달아 에고가 사라지고 도와 하나가 된 나의 다른 표현이다. 도와 하나가 된 참모습은 사람의 겉치레와 무슨 상관이랴. 도를 옥(보물)처럼 내 안에 품고 있는데 말이다.

지아자희知我者希 칙아자귀則我者貴에서 나(아我)를 제3자로서의 자기 또는 노자를 지칭할까? 노자와 그가 주장하는 도를 아는 사람이 적고 노자와 노자의 도를 따르는 이가 보기 힘든 것인가?(*최진석, 이석명) 이러한 이해도 가능하지만 제3자로서의 자기를(진정한 실체인 진아眞我) 아는 자가 희귀한 것도 가능한 해석이 되는 것 같다.

자기를 자기만큼 정확히 아는 사람은 없을 것이라고들 하지만 이는 양심(거짓으로 감추는 진심)이라는 부분에나 해당하는 것이고 실제로는 자기를 냉철히 알지 못하는 것이 사람이다. 자신에 대해서는 이기적 방어본능이 있기에 '나도 나를 모르는' 경우가 허다하다. 노자는 도와 대통했던 본래의 나(도를 말하는 노자를 포함)를 모르고 있다는 의미일 것이다.

71. 자기가 모른다는 것을 안다면

知不知上 不知知病 夫唯病病 是以不病 聖人不病
以其病病 是以不病
(지부지상 부지지병 부유병병 시이불병 성인불병 이기병
병 시이불병)

【스스로 모르는 것을 안다면 최고이나(아는 사
람은 잘 모르겠다 하는데 이것이 최상의 덕이다. *최진
석 / 아는 게 있어도 앎으로 여기지 않는 게 으뜸이고
*이석명) 모르는 것을 자각하지 못하면 병이다.
(잘 모르는 사람은 오히려 안다고 하는데 이것은 병이
다. *최진석 / 아는 척하는 게 문제다. *이석명) 그런
데 병을 병인 줄 알면 (그나마) 이것은 병이 아니
다. 성인이 병(문제가 *이석명)이 없다고 하는
것은 병이 병이라는 것을 알기에 병이 아니라
고(문제를 문제로 여기기 때문이니 문제가 없다. *이석
명) 한다. (병을 병으로 볼 뿐이라면 그 때문에 병이
없다. 성인은 병이 없으니, 그것은 병을 병으로 보기 때
문이다. 그 때문에 병이 없다. / *김학목)】

☞ 앞 70장에서 이어지는 노자의 말이다. 자기 (노자, 노자의 도)를 아는 자가 희귀하다고 했었다. 병병病病을, 문제를 문제로 여긴다는 해석(*이석명)과 병을 병인 줄 안다는 해석(*기세춘), 대저 오로지 병을 병으로 여긴다(*동양고전종합DB)는 해석으로 나뉜다. 대개의 해석이 이 범주에서 벗어나지 않고 있다. 또는 김학목처럼 본문과 같은 해석도 있다. 어떻게 이해하면 좋은가? 문맥의 흐름상 '병을 병이라 깨닫고 있기에 그나마 (심각한) 병이 아닌 것이다'로 의역하고 싶다. 그런데 병을 병인줄 알면 이것은 병이 아니라는 구절은 부유병병夫唯病病 시위불병是以不病이 백서본에는 없다고 한다.(*최진석) 군더더기 구절이라는 것. 이석명은 '문제를 문제로 여길 때 문제는 문제가 되지 않는다'고 한다.

만약 어떤 일을 해결하는데(또는 구도의 수행 중에) 자기가 아무것도 모른다는 전제하에 찾아가므로 이는 문제가 안 될 것이다. 내가 안다고 전제하면 일은 이미 해결 여부에 상관없이 방향을 고정해 버리는 것이 된다. 방향이 옳으면 그나마 다행이겠지만 엉뚱한 길에 들어서 헤매고 있다면 해결이 될까? 나의 선입관을 내려놓고 보이는 그대로 나아가면 될 것을. 성인은 그것을 아는 이다.

손자孫子도 지피지기知彼知己면 백전불태百戰不殆라고 했다. 자기를 아는 것이 중요하다고 선인들은 이야기한다. 하지만 자기를 아는 이가 얼마나 될까? 과분하게 중요한 직책을 맡고서 나라·조직을 망쳐가는 사람들을 보면 노자의 심정이 절실해진다.

72. 억압하지 않고 사심을 버려야

民不畏威　則大威至　無狎其所居　無厭其所生　夫唯
不厭　是以不厭　是以聖人　自知不自見　自愛不自貴
故去彼取此
(민불외위 즉대위지 무압기소거 무염기소생 부유불염 시
이불염 시이성인 자지부자현 자애부자귀 고거피취차)

【백성이 (군주의) 권위를 두려워하지 않게 되면
그것으로 (이미) 지극한 권위를 이룬 것과(크게
두려워할 것이 닥치니 *김학목 / 장차 큰 두려움이 이
르게 될 것. *이석명) 같다. 세속(백성들의 터전 *이
석명)을 경시하지(멈춰있는 것을 가볍게 여기지 *김학
목 / 좁게 하지 *이석명)도 그곳의 삶을 싫어하지
도(다듬어지지 않은 것을 싫증내지 *김학목 / 압박하지
말라. *이석명) 않는다. 대저 (백성들이 *이석명) 싫
어하지 않음으로써 (군주를 *이석명) 싫어하지 않
게 만드는 법이다. 성인은 자기를 알지만 스스
로 드러내지도 않고 자기를 아끼지만 스스로
귀하다고 여기지도 않는다. 그러므로 저것을

떠나 이것을(억압과 사심을 버리고 억압하지 않으며 무위함을) 택하는 것이다.(상벌의 구속을 버리고 자유로운 생명을 취한다. *기세춘)】

☞ 해석에 차이가 있다. 이석명은 백성들이 군주의 위엄을 두려워하지 않을 정도로 백성들의 삶을 압박하지 말라고 해석한다. 백성들이 죽음도 두려워하지 않으면 백성을 제어할 수 없다는 것. 이상적인 군주는 권위를 드러내지 않는 사람이다. 앞에서 거론되었듯이 백성들 입장에서는 구태여 군주를 의식하지도 않아도 되는 삶이 바람직하다. 군주가 있는 듯 없는 듯, 백성들은 오로지 자기 생업에만 종사하면 충분히 살아갈 만하다. 군주를 의식한다는 것은 군주에게 기대를 갖게 만들고, 백성을 마음 편하게 해주는 통치가 부족하다는 뜻이다.

권위와 억압은 자기 역량이 부족한 것을 감추려는 술책이다. 이런 사람은 보통 자존심이 지나치게 강하다. 자기의 약점을 스스로도 인정하지 못하므로 무리하게 어긋나기도 한다. 이러다 일을 망치는 리더가 허다하다. 군주는 세상 속 백성들의 삶과 생명을 경시하거나 혐오하지 않아야 한다. 백성을 아끼고 귀하게 여겨야 한다. 참고로, '무압기소거無狎其所居 무염기소생無厭其所生'을 이강수는 '백성들이 사는 곳, 그들이 하는바'라 해석하고, 이경숙은 '군주의 사는 곳, 그곳에서 군주가 사는 것'이라고 해석한다. 최진석은 백성들의 거처와 백성들의 삶이라고 한다. 김학목과 같은 새로운 해석도 있다. 그러나 내게는 '백성들의 삶과 터전'이 타당하다고 보인다.

이 장에서 '저것을 떠나 이것을 취한다는 거피취차去彼取此'라는 글귀가 논의 대상이다. 저것은 '권위, 경시, 억압, 스스로 귀하게 여김'이고, 이것은 '자기를 드러내지 않음, (백성의 삶을) 경시하지 않음, (자기를) 아낌'이다.

73. 하나도 놓치는 것 없는 하늘의 그물

勇於敢則殺 勇於不敢則活 此兩者 或利或害 天之
所惡 孰知其故 是以聖人猶難之 天之道 不爭而善
勝 不言而善應 不召而自來 繟然而善謀 天網恢恢
疎而不失
(용어감즉살 용어불감즉활 차양자 혹리혹해 천지소오 숙
지기고 시이성인유난지 천지도 부쟁이선승 불언이선응
불소이자래 천연이선모 천망회회 소이불실)

【용기를 내어 감행하면(용기가 있으면 *최진석 /
감히 … 하는데 *이석명) 곧 죽게 될 것이고, 용기
로 감행하지 않으면(과감하게 하지 않는 용기가 있
으면 *최진석) 살 것이다. (과감하게 행하는 데에 용
감하면 죽고 과감하게 행하지 않는 데에 용감하면 살게
된다. *김학목) 이 두 가지(용감함 중에 *김학목)는
때에 따라 이롭거나 해로운 것이기도 하지만,
천지(자연 *최진석)가 싫어하는 것을 (누가 그 이유
를 *이석명) 어찌 알겠는가? 그래서 성인은 (감행
하는 것을) 마땅히 어렵게 여긴다. 천지의 도는

- 289 -

다투지 않고서도 잘 이기는 것이고, 말하지 않고서도 잘 대응하며, 부르지 않았어도 스스로 오며, 느긋한 것(허술한 듯 *이석명) 같아도(여유 있게 *최진석) 잘 계획한다. 하늘의 그물은 엉성한 것 같아도(자연의 망은 넓고도 넓다. *최진석, 이석명) 놓치는 것이 없다.】

☞ 이석명은, 개인의 강한 의지로 억지로 하지 말고 모든 것을 저절로 그러한 하늘의 도에 맡길 것을 권유한 것이라고 한다. 즉, 부드러움이 이롭고 강함이 해롭다. 태도가 아주 과감한 것은 자연의 운행 원칙과 배치되기도 하는 것으로 죽음과 연관된다는 게 노자의 생각이라고 최진석은 말한다. 왕필의 해석도 "성인의 명철함을 가지고도 용감하게 나서지 못하는데, 하물며 성인의 명철함도 없으면서 과감하게 나선다면 어떻게 되겠는가?"라고 인용하였다.(*최진석) 주역의 원리나 노자의 철학 체계는 자연 현상을 자세히 관찰하고 장구한 통찰을 통해서 성립된 것들이라는 의견이다. 이 장 본문의 내

용은 그러한 설명이 된다.

최진석은, '듬성듬성하지만 빠뜨리는 것은 없다'는 뜻을 '치밀하지 않아야 모두를 끌어안을 수 있다'고 본다. 하지만 섬세하고 치밀하다는 것으로 생각할 수도 있지 않을까? 무리하게 생각(계획)없이 움직이는 것은 위태로움을 부른다. 천망회회天網恢恢 소이불실疏而不失이라는 말을 떠올려 본다. 역시 인간의 생애도 '무슨 일이든 허투루 정해진 것은 없나 보다'라는 생각을 하게 된다. 하늘이 왜 그렇게 하는 것일까를 염두에 두면서 신중할 수밖에 없다. 성인도 그러할진대 미약한 한 인간이 그러지 않을 수 없다. 『주역』에서 말하고 중용의 도리로 알려주는 '지나치지 않음'을 생각하게 된다. 하늘의 뜻을 벗어나지 않게 되면 저절로 이루어진다는 말이 옳을 것 같다.

세상의 이치는 그저 이루어지는 것 같지 않다. 천지가 운행하는 이치는 허점이 없다. 또한 원

인과 결과(행위와 카르마)라는 것에 빈틈이 없다
는 것을 생각해 본다. 하늘이 한 인간의 업보
에 작용하는 이치도 이럴 것이다. 철저하고 냉
혹한 법칙이다. 그것이 천라지망天羅之網이다.
이 그물에서 벗어나려면 원죄(업보)를 없애고
도를 깨달아야 한다고 한다.

74. 죽이는 일을 두려워해야 하는 것

民不畏死　奈何以死懼之　若使民常畏死　而爲奇者
吾得執而殺之　孰敢　常有司殺者殺　夫代司殺者殺
是謂代大匠斲　夫代大匠斲者　希有不傷其手矣
(민불외사　내하이사구지　약사민상외사　이위기자　오득집
이살지　숙감　상유사살자살　부대사살자살　시위대대장착
부대대장착자　희유불상기수의)

【백성들이 죽음을 두려워하지 않는데 어찌 죽
음이라는 것으로 위협(두렵게 만들)하겠는가? 만
약 백성들이 항상 죽음을 두렵게 여기도록 해
도(두려워하는데 *김학목 / 이석명) 기이한 짓을 하
는 이(백성들 중 누군가 옳지 못한 행동을 했을 때 *
강신주)를 내가 죽이고자 할 때(내가 죽일 것이니
*이석명 / 내가 그를 잡아 죽일 수 있을 것 *강신주)
누가 이를 감행하게 되는가?(누가 감히 그런 짓을
행할 것인가? *이석명 / 누가 감히 옳지 못한 행동을
하겠는가. *강신주) 죽이는 일을 맡은 자가 사람
(사형집행자 *김학목)을 죽이는 것이다. (만약) 그

를(명령자) 대신해서 (사람을) 죽인다면 목수를 대신해서 나무를 깎는 것과 같을 것이다. 목수를 대신해서 깎으면 손을 다치지 않는 사람이 드물 것이다.】

☞ 기세춘 : (…) 우리와 다른 자들을 잡아 죽인다면 누가 감히 우리를 범할 수 있겠는가? 그러나 자연의 상도만이 죽음을 맡은 자이므로 죽일 수 있다. 사람이 자연을 대신해서 죽인다면 이는 목수를 대신하여 나무를 깎는 격이다.

이 장에 대한 연구자들의 해석은 다양하다. 본문의 비유나 표현이 적절한가 의문스럽기도 하지만 다만 단순하게 본문에 드러난 대로 이해하고 싶다.

삶이 안정되면 백성들은 죽음을 두려워한다. 삶이 죽음보다 못하면 두려워하지 않을 것이다.(*이석명) 누구나 사람을 죽일 수 있는 것은 아니다. 사회를 어지럽히는 사람을 죽이는 일을 맡은 자(사살자司殺者)는 누구일까? 가끔 이런 의문이 생긴다. 만약 전쟁 중에 또는 독재자의 명령을 받아서 반대편의 사람들을 진압하는 사람은 왜 적극적으로 살상 행위를 저지를까? 인류 역사에서 사람을 죽이는데 양심을 느끼지 못하게 되어버린 사람은 의외로 많았다. 부추기기만 하면 도살자가 되는 특성이 인간 본성에 잠재하는 것인가? 명령을 받아 사형을 집행하는 이의 입장은 무엇인가? 그런데 명령을 받아 대신 살인하는 행위를 기꺼이 하는 준비된 살인 집행자들이 너무나 많다. 그들이 중범죄와 폭력을 도와주는 것이다. 명령을 내린 자 못지않게 사악한 자들이다. 그들 내면의 악마성을 적극적으로 발현하기 때문이다. (이런 것이 한나 아렌트가 말하는 '악의 평범성'이었다.)

이강수는 사살자가 천도天道(하늘 *이석명)를 의미하고 대사살자代司殺者는 당시의 통치자라고 한다. 천도를 대신하여 사람을 죽이면 서투른 목수처럼 그 대가를 치러야 한다는 것. 인간이 인간을 죽이는 것이 아니라 천도에 따르는 죽음이 자연스러운 죽음이다. 최진석은 자연이 아닌 통치자가 자신의 의지나 욕망을 관철시키기 위해 따라오지 않는 백성을 감히 죽이는 행위가 '목수 대신에 나무를 베는 것과 같다'는 통치자에 대한 노자의 비판이라고 한다.

당시, 사는 것이 차라리 죽는 것만 못한 상황도 많았을 것이다. 백성이 죽음을 경시하고 사람 죽이는 일을 쉽게 생각한다면 그 사회가 온전할까? 평범한 이들이 사람 죽이는 일을 한다면 서투른 목수가 제 손 다치는 일과 같을 것이다. 국가와 개인은 인간의 양심을 지키도록 교육·수양하는 것에 주목해야 한다. 인간으로서 마땅히 살인을 담당해야 하는 사람이 어디 있겠는가?

75. 백성을 죽음으로 내몰지 말라.

民之飢 以其上食稅之多 是以飢 民之難治 以其上
之有爲 是以難治 民之輕死 以其求生之厚 是以輕
死 夫唯無以生爲者 是賢於貴生
(민지기 이기상식세지다 시이기 민지난치 이기상지유위
시이난치 민지경사 이기상구생지후 시이경사 부유무이생
위자 시현어귀생)

【백성이 굶주리는 것은 윗사람들이 챙겨 먹고
세금을 많이 걷기 때문이다. 그래서 백성이 기
아에 허덕인다. 백성을 다스리는 것이 쉬운 일
은 아니다. 윗사람들이 강제적 의도를 가지고
(유위를 *최진석) 행사하기 때문에 어려운 것이
다. 백성들이 죽는 것을 경시하는 것은 (백성에
게 죽음이 가볍다. 쉽게 죽고 있다.) 그들이(윗사람들이
*이강수) 더 잘살아 보려고 애쓰기(삶에 대한 집착
이 강하기) 때문에(윗사람들이 풍요로운 삶만을 구하기
에 *동양고전종합DB / 통치자가 지나치게 자신의 삶을
풍족하게 하려고 하기 때문에 *강신주) 죽음을 쉽게

여긴다. 무릇 삶을 억지로 살아가지 않는(잘 살려고 않는 *최진석 / 자기 생명에만 집착하지 않는 *이석명) 것이 삶을 귀하게 하는 것보다는(생명을 중시하는 사람보다 *이석명) 현명한 태도다.】

☞ 당시를 생각해 보게 된다. 세금은 많고 위정자爲政者의 핍박과 수탈은 심하니 삶이 너무나 힘들어 백성들은 죽음을 항상 곁에 두고 사는 것과 같았을 것이다. 차라리 죽는 것만 못하다는 생각이 들 수 있다. 윗사람들이 제 삶을 풍요롭게 하기 위해 탐욕을 부리므로 백성들은 고통을 받아 쉽게 죽으므로 죽음이 경시되는 것이다. 그러니 죽음이 가볍다. '더 잘살아 보려 한다'는 이기구생지후以其求生之厚하는 주체가 누구인가? 윗사람이라고 하기도 하고, 백성들이라고도 하는 의견도 있다. 결국은 둘 다 해당하는 의미일 수도 있다.

윗사람들은 백성들이 죽든 말든 상관하지 않는다. 제 삶만 중요하지 백성들의 죽음은 그들에게 가볍다. 반면에 백성들 역시 생존하려는 집착이 없겠는가? 역설적으로 이것이 더욱 백성들을 죽음으로 몰아붙일 수 있다. 백성들 입장에서는 아무리 애써도 살아남기가 어려운 것, 이래 죽으나 저래 죽으나 마찬가지였을지 모른다. 삶의 여건이 항상 죽음과 너무 가까이 있는 것이다. 이런 상황에 말은 못 해도 세금에 대한 불만이 가득할 수밖에 없다. 백성이 수긍하지 못하는 정책에는 당연히 저항이 클 것이다. 그렇다면 위정자라고 해도 나쁜 짓하기가 쉽지만은 않았을 터다.(하지만 실제로는 알면서도 나쁜 짓하는 자들이 많았을 것.) 춘추시대에 국가 간 경쟁이 심해지자 세금 부담이 더욱 커졌다. 따라서 백성들이 삶의 의욕을 잃었다.(*이강수)

김충열은 천지자연을 국가와 군주에 비교한다. 자연은 만물을 생성해 주고서도 대가를 요구하지 않고 천지는 만물에 대해 양육의 은공이 있음에도 공을 자랑하지 않는다. 그러나 국가와 군주는 백성들의 경작을 도와주지도 않았으면서 빼앗고, 군주가 낳고 길러준 것도 아니면서 백성을 부역과 전쟁에 동원하여 죽게 만든다. 그래서 노자가 백성을 수탈하는 체제와 부덕한 군주에 대한 분노와, 생명의 절규를 대변한 것이라고 한다.

죽음이 경시된다고 쉽게 죽으려 하는 것은 아니다. 지금 우리도 그렇듯, 백성들은 정말 치열하게 살고 싶다. 암담한 현실에 노자가 무슨 말을 할 수 있을까? '오히려 억지로 살아보려는 것'은 백성들의 생존에 위험을 초래하는 선택이 될 수도 있으니 하지 말라는 안타까운 충고이거나, 위정자들에게는 "네 삶만 소중하냐? 백성을 막다른 길로 몰지 말라, 그러다 너도 죽는다"는 경고는 아니었을까? (백성들이 자포자기하는 상태로 죽음도 불사하고 통치자에게 덤벼들게 된다. 이는 통치자에 대한 비판적 교훈이다. *최진석)

76. 강한 것이 이기는 것이 아니다.

人之生也柔弱 其死也堅强 萬物草木之生也柔脆 其
死也枯槁 故堅强者死之徒 柔弱者生之徒 是以兵强
則不勝 木强則兵 强大處下 柔弱處上
(인지생야유약 기사야견강 만물초목지생야유취 기사야고
고 고견강자사지도 유약자생지도 시이병강즉불승 목강즉
병 강대처하 유약처상)

【인간은 유약하게 태어난다. (생존·생명은 유약하
다. / 살아있을 때는 부드럽고 약하지만 *김학목) 죽으
면 단단하고 굳어진다. 만물과 초목도 살아 있
을 때(태어날 때)는 여리고 취약하다. 죽으면 마
르고 굳어진다. 그러므로 단단하고 강한 것은
죽음에 속하고 부드럽고 미세함은 삶의 속성이
다. 이처럼 무력(군대, 병력)이 강한 것은 이기는
것이 아니다. 나무가 강한 것도 무력의 경우와
같다. 강함의 기반은 아래에 있고 부드럽고 미
세한 것은 위에 있는 것이다.】

☞ 인간이나 모든 생명 있는 존재의 살아가는 모습은 치열한 투쟁 아래 겨우 생명을 이어가는 것만 같다. 생명을 유지하고 있을 때는 생명의 기운으로 유연하지만, 죽으면 마르고 굳어버린다. 강하다는 것은 생명의 유연함을 잃어버린 것이 된다. 인간 자체도 그렇고 인간이 사용하는 속성도 그렇다. 강경한 것은 생명 속성처럼 유연하지 못하기에 부정적인 결과를 만들어낸다고 보고 있다.(모든 것을 통일시키려는 통치방식은 강하고 뻣뻣하다. *최진석)

죽음이란 저 아래에 존재하며 살아있는 동안에는 드러나지 않는 것이며 감추어진 이면이다. 반면에 삶이란 현실에 드러난 모습이다. 노자의 비유에는 무력을 행사하는 것에 대해서는 좋은 인식이 아님을 보게 된다. 위와 아래의 비유는 생명력으로 대기大氣 중에 살아가는 것과 생명을 잃어 땅에 묻히는 것을 말한다고 보인다. 또한 강하다는 것은 경직된 사고나 선입관으로 생각해도 마찬가지다. 이는 세상을 살아가는 태도나 구도의 자세로도 바람직하지는 않은 것이다. 나무도 강하면 부러진다고 하고 거센 바람에도 갈대는 꺾이지 않는다고들 하지 않는가. 국민들이 강압과 폭정을 견디지 못하고 수많은 독재 정권이 국민들의 힘에 무너졌듯이.(*이석명)

77. 하늘의 도는 활을 당기는 것과 같다.

天之道 其猶張弓與 高者抑之 下者擧之 有餘者損
之 不足者補之 天之道 損有餘而補不足 人之道 則
不然 損不足以奉有餘 孰能有餘以奉天下 唯有道者
是以聖人爲而不恃 功成而不處 其不欲見賢
(천지도 기유장궁여 고자억지 하자거지 유여자손지 부족
자보지 천지도 손유여이보부족 인지도 즉불연 손부족이
봉유여 숙능유여이봉천하 유유도자 시이성인위이불시 공
성이불처 기불욕현현)

【하늘의 도는 활을 당기는 것과 같다. 높은
것은 누르고 낮은 것은 들어 올린다. 남는 것
은 덜어내고 부족한 것은 보태준다. 하늘(자연
*최진석)의 도는 그렇게 남는 것은 덜어내고 부
족한 것은 보태지만 인간의 도라는 것은 그렇
지가 못해 부족한 것을 (오히려) 덜어내 남는 곳
에 보태준다. 누가 남는 것으로 천하를 도울
것(하늘의 도를 본받을 수 *이석명)인가? 오직 도를

갖춘(체득한 *최진석) 사람만이 그렇게 할 것이다. 그래서 성인은 행(생산 *기세춘)하고도 의지하지 않고 공을 이루어도 거기에 빠지지(자만하지) 않으며 현명함도 드러내려 하지 않는다.】

☞ 이경숙은 장궁張弓이 활에 줄(시위)을 매는 것이라고 한다. 그러나 다음 문장에 이어지는 의미를 보면 행위가 미묘하게 달라진다. 시위를 거는 것인지, 당기는 것인지. 활을 눌러서 굽히고, 줄은 당겨 올려서 활에 거는 걸까? 아니면 과녁을 겨냥해 화살 조준이 표적보다 높으면 내리고 낮으면 높이는 것인가?(*소준섭)

남는 것은 덜고 부족한 것은 보탠다는 것은 장궁이나 활을 당기는 것에 대한 설명으로는 뭔가 미진하다. 도는 균형을 지향한다는 것에 가깝다. 하늘의 도는 공평·평등·조화·균형의 원리를 따라 운행된다.(*이석명) 최진석은 부족한 데서 덜어내어 여유 있는 쪽을 봉양한다는 것은 통치자의 착취라고 한다.(백성들은 많은 세금을 착

취당하며 통치 계층을 부양하는 셈이므로.)

노자는 활을 가지고 하늘의 도에 대한 설명으로 유도하는 느낌이다. 하늘이 정의롭거나 형평을 맞추는 것이라기보다는(하늘은 인간을 풀 강아지처럼 여긴다고 했으니 의지를 가진 행위를 할 수 없는 속성이다.) 자연적으로 균형을 찾아가는, 또는 조화를 맞춘다는 의미가 더 타당하다.(현대 과학적인 개념으로는 평형을 찾아간다고 할 수 있을까?) 제발 도를 갖춘 사람이 나서서 세상에 지나친 것은 덜어내고 부족한 것은 보태 주기를 바라는 건 아닐까? 인간에게 기대하기는 어렵지만 성인(이상적인 군주)이 그럴 수 있을 것이다. 더구나 그 성인은 공덕이나 명예를 바라지 않을 것이다.

78. 물처럼 유약함이 이기는 것

天下莫柔弱於水 而攻堅強者 莫之能勝 以其無以易
之 弱之勝強 柔之勝剛 天下莫不知 莫能行 是以聖
人云 受國之垢 是謂社稷主 受國不祥 是謂天下王
正言若反
(천하막유약어수 이공견강자 막지능승 이기무이역지 약
지승강 유지승강 천하막부지 막능행 시이성인운 수국지
구 시위사직주 수국불상 시위천하왕 정언약반)

【천하에 물보다 유약한 것은 없다. 그러나 아
무리 단단하고 강한 것이라도 물은 쳐서 이길
수(앞서지 못하니 *이석명) 있다. (유연하고도 강한 면
에서는) 그것(물의 특성)을 대신(대표)해 말할 수
있는 것은 없다.(그것을 대체할 수 있는 것이 없기
때문이다. *이강수 / 이런 이치를 가벼이 보아서는 안
된다. *최진석) 약한 것이 강한 것을 이기는 것과
유연함이 강함을 이기는 것을 천하 사람이 모
르는 것은 아니지만 이를 능히 행할 수 있는
자는 없다. 성인은 말하기를 "나라의 오욕을

감당하는 자를 일컬어 사직의 주인이라 하고, 나라의 상서롭지 못한 일을 받아들이는 자를 일컬어 천하의 왕이라 한다"고 했다. 바른말은 마치 반대로 하는 것과 같다.(정면으로 하는 옳은 말인데 그 반대처럼 들린다. *최진석)】

☞ 물의 대표적 속성은 유연함이다. 그러나 물은 무서운 힘을 가지고 있음을 우리는 잘 알고 있다. 낙숫물이 바위에 구멍을 뚫고 휘몰아치는 성난 물줄기는 강력하게 모든 것을 휩쓸어 버린다. 유연함과 포용력을 헤아려보면 물처럼 실천할 수 있는 사람은 의외로 드물다.

이기무이역지以其無以易之 글귀에서 역易을 '가벼울 이'로 볼 것인가, 아니면 '바꿀 역(대신하다)'으로 볼 것인가? 대체로 '가벼이, 쉽게'라는 해석이 가능하나 유형의 물질 중 유연하기에는 '물을 대신할 수 있는 것도 없다'는 의미로 '대체(대신)하다', '바꾸다'도 타당해 보인다.

노자는 물처럼 유연하며 모든 것을 포용하듯 나라의 오욕과 나쁜 일도 감당할 수 있는 군주를 바라는 마음이었을 것이다. '설마 쉬운 일을 못 해내는 군주는 없겠지'라고 생각할 수 있으나, 그것마저도 엉망으로 하는 군주가 많다. 한 나라를 책임지는 자는 영광뿐 아니라 오욕도 책임지는 막중한 자리다. 그러니 오욕과 나쁜 일을 잘 감당해 내면 정말 이상적인 군주일 것이다. 그래서 바른말보다 반대의 뜻을 가진 말('유약함이 강함을 이기는', '오욕을 감당하면 사직의 주인', '나쁜 일을 받아들이는 천하의 왕 같은')을 썼다는 것이리라.

79. 원한을 가지면 찌꺼기가 남는다.

和大怨 必有餘怨 安可以爲善 是以聖人執左契 而
不責於人 有德司契 無德司徹 天道無親 常與善人
(화대원 필유여원 안가이위선 시이성인집좌계 이불책어
인 유덕사계 무덕사철 천도무친 상여선인)

【큰 원한은 풀어도 반드시 조금이라도 찌꺼기
가 남는다. 어찌 이를 좋다고 마음이 편안하겠
는가?(어찌 선이 되겠는가? *최진석 / 원한을 맺은 후
화해함이 어찌 선하다 할 수 있는가? *이석명) 이로써
성인은 약속이 어긋나도(권리를 가지고도 / 채무자
같은 태도를 가지고서 *최진석) 사람을 책망(독촉)하
지 않는다.(성인은 선한 행위를 도울 뿐 … 강요하지
않는다. *이석명) 덕이 있는 자는 약속을 지키지
만 덕이 없는 자는 지키지 않는다. (유덕자는 지
불을 맡고 부덕자는 징수한다. *기세춘 / 덕이 있는 사
람은 계약서를 따지고 덕이 없는 사람은 행적을 따진다.
*최진석 / 덕 있는 사람은 선을 행하고 덕 없는 자는
살인을 일삼는다. *이석명) 하늘의 도는 특별히 친

밀하게 대하는 것이 없이 누구에게나 항상 바르게 함께 할 뿐이다.(착한 사람과 함께 한다. *최진석, 김학목, 이석명)】

☞ 원한은 완전히 털어내기가 쉽지 않음을 우리는 잘 알고 있다. 흔적 없이 깨끗이 용서·수용하고 털어낼 수 있는가? 의외로 취약한 내성의 사람 마음은 앙금이라는 게 쉽게 사라지지 않는 법이다. 따라서 내가 편안해지지도 않고, 이런 마음가짐이 선한 것이 되지도 않을 것이다. 『노자』에서 지칭하는 성인이 아니더라도 인류의 큰 스승인 성인들 역시 버리고 버려서 마음을 가난하게(깨끗이) 하라고 하였다. 노자가 계속 말하는 것이 그런 의미도 갖고 있다.

채권이란 이야기는 무엇일까? 소준섭, 김학목 등은, 중국 고대에는 계약(契)을 체결할 때 대나무에 계약 내용을 새겨 두 쪽으로 나눠 가졌고 왼쪽에는 채무자 이름과 부채액을 새겨 채권자가 갖고, 오른쪽은 채권자 이름과 부채액을 새겨 채무자가 가졌다고 한다. 최진석은, 계契를 권계券契(계약서, 어음 같은 것)라고도 하는데 고대에는 우계右契를 높게 보아 채권자가 잡고, 좌계左契는 낮게 보아 채무자가 잡는다고 한다. 왕필본의 성인집좌계聖人執左契는 백서본에 따라 우계右契의 오류라고 하며 31장의 길사(왼쪽)와 흉사(오른쪽)처럼 우계가 옳다는 주장도 있지만 최진석은 채무 계약은 흉사라고 생각한다. 잘 이행되지 않고 원망이 남기 십상이기에. 성인은 낮추고 유약한 태도를 보이므로 귀한 자리는 맞지 않다고 본다. 그냥 좌계가 맞을 것이라 한다. 김학목은 성인이 약자인 채무자의 입장에 있는 것으로 본다.

노자는 사람이 마음의 찌꺼기를 털어내기 어려우므로 성인은 사람을 몰아세우지 않는다는 말이다. 그래도 덕이 있는 사람은 약속을 지키겠지만 덕이 없는 사람은 약속을 안 지킬 것이다. 그러나 하늘은 유덕자, 부덕자를 가리지 않는다. 그냥 사람 가리지 않고 바르게 작용한다고 한다.(담담히 계약서만 지키지 주관적 의지 내지는 친소의 감정을 개입시키지 않는다. *최진석) 무친無親해야만 선인善人이 자신이 한 선행에 걸맞은 보답이 있는 것이다.(*최진석)

이석명은 계약서, 세금이 본 장의 주제(원한을 쌓지 말고, 선을 행함)와 대체 무슨 연관이 있는가? 의문을 가지고, 본문의 계契는 백서본의 개介(또는 芥)가 설문해자에서 '선하다'는 뜻이므로 계약으로 볼 이유가 없고, 왕필본의 철徹(백서본의 한자 부수에서 유추하여 죽음의 의미로 해석한다.)도 세금을 의미하는 것이 아니라고 한다. 한편, 납세의 관계, 채무의 관계를 정치에 대입하는 해석으로 연장해도 가능한 것 같기는 하다. 가혹한 정치를 피하고 공평무사하고 관용의 정치를 하라는 가르침이라고 하니까.

80. 작은 나라에서 모두가 편안하게

小國寡民　使有什佰之器而不用　使民重死而不遠徙
雖有舟輿　無所乘之　雖有甲兵　無所陳之　使人復結
繩而用之 甘其食 美其服 安其居 樂其俗 隣國相望
鷄犬之聲相聞 民至老死不相往來
(소국과민 사유십백지기이불용 사민중사이불원사 수유주
여 무소승지 수유갑병 무소진지 사인복결승이용지 감기
식 미기복 안기거 락기속 린국상망 계견지성상문 민지노
사불상왕래)

【나라가 작고 백성이 적으면 수많은 도구를
써야 할 일도 없어진다. (열댓 개 정도만 가지고 그
나마도 쓸 일이 없도록 한다. / 재능이 있을지라도 쓰이
지 않게 한다. *김학목) 백성이 죽는 것을 무겁게
여기고(구태여 미지의 곳으로 떠나 위태롭게 되기보다
는) 멀리 (자기 터전에서) 떠나가지 않도록 한다.
비록 배와 수레가 있어도 그것을 타고 갈 곳도
없고, 갑옷과 병기를 쓰기 위해 진을 칠 곳도
없다.(군대가 있더라도 펼칠 일이 없다. *최진석 / 갑

옷과 병기를 쓸 일이 없다. *이석명) 백성들이 다시 새끼를 꼬고(결승문자를 회복하여 쓰게 한다. 결승문자는 가장 원시적인 형태의 문자다. *최진석 / 새끼를 꼬아서 표시로 사용하고 *김학목 / 노끈을 묶어 셈하게 하라. *이석명) 음식을 맛있게 먹고, 아름다운 옷을 입고, 편안히 거주하여, 풍속대로 즐기게 한다. 이웃 나라는 서로 바라보고 닭과 개 소리가 들려도 백성들이 늙어서 죽을 때까지 굳이 서로 왕래하는 일이 없게 될 것이다.】

☞ '나라가 작으면'을 현대에서는 '작은 정부'로 해석해도 될 듯하다. 작지만 강한(잘 사는) 나라는 있다. 조직이 크면 운영하기가 만만치 않을 것이다. 정작 국민의 삶보다 정부 조직을 운영하기 위한 일에만 국세 낭비가 만만치 않고 효율적이지 못할 부분도 있기 때문이다. 당시 국가 형태나 국사國事의 효율성 측면에서는 나라의 규모가 적당한 것이 훨씬 나았을 것이다.(노자는 집중과 통일, 확장보다는 분산과 해체 속의 자율을 강조한다. *최진석) 당시에 국가 형태나 인종, 경계를 생각하면 백성들 처지에서는 군주들의 욕

심에 따른 무리한 확장 전쟁에서 이웃 나라의 백성과 죽고 죽이는 싸움을 할 이유가 없었을 것이다.

결승結繩이라는 의미는 문명에 물들지 않는 지극히 소박한 삶이라 한다.(*이석명) 구태여 번잡한 삶을 피하고 꼭 필요한 일만 수행하는 정치로써 백성이 안락함을 누리면 유토피아가 따로 있을까? 지금 사는 이곳이 편안한데 이웃 나라의 삶을 부러워할 필요도 없다. 노자가 꿈꾸는 이상향의 모습이다. 내게 익숙한 터전에서 남을 신경 쓸 필요 없이 소소한 내 삶에 만족하며 사는. 백성이 대단한 것을 바라는 것도 아니었을 것이다. 혼란한 당대의 고단하고 위태로운 민중의 삶에서 그만하면 충분했을 것이다.

81. 바른 말은 분별이 없다.

信言不美　美言不信　善者不辯　辯者不善　知者不博
博者不知　聖人不積　既以爲人　己愈有　既以與人　己
愈多　天之道　利而不害　聖人之道　爲而不爭
(신언불미 미언불신 선자불변 변자불선 지자불박 박자부
지 성인부적 기아위인 기유유 기이여인 기유다 천지도
리이불해 성인지도 위이부쟁)

【믿음직한 말은 아름답지(번지르르하지 *최진석)
않다. 아름다운(번지르르한 *최진석) 말은 믿음이
없다. 선한 자는 말을 잘하지(따지지 *최진석) 못
한다. 말을 잘하는(따지는 *최진석) 자는 선하지
않다. 안다고 하는 이는 해박하지(넓지 *최진석)
않다. 해박한(넓은 *최진석) 것은 알지 못함과 같
다. 성인은 (사물이든 욕심이든) 쌓아두지 않음으
로써 사람들을 이미 위하는 것이다. 그렇게 자
기는 (쌓아두지 않음으로) 더 나아지게(소유하게 *김
학목) 되고 (더욱이) 사람들에게 줌으로써 더 많
이 나아지게(많아지게 *김학목) 된다. 하늘의 도는

- 317 -

이롭게 함으로써 해를 끼치지 않고 성인의 도
는 다투지 않음으로써 이루게 한다.】

☞ 노자의 지식에 대한 부정, 우민화 주장 등
을 이야기하지만, 그의 본뜻은 그것만이 아닐
수 있다. 잔머리나 술수, 아무 도움이 되지 않
는 아는 척의 허식을 말하는 것을 오해한 것은
아닐까? 민중에게 자기 생각을 전하려는 노자
의 입장에서 '나는 도를 아는 사람이지만 당신
들은 무지해도 좋다'고 말하는 것은 아닐 것이
다. 무지해서 도를 알기 쉬운 것이 아니라 쓸
데없는 지식, 선입관, 틀이 방해하는 것이다.
그런 류의 지식이다. 즉, 도를 염두에 두었을
때의 지식을 생각하는 것이리라.

화려한 말은 신뢰감이 떨어진다. 바르고 신의
있는 말은 구태여 꾸밀 필요가 없다. 알맹이
없는 말을 주절거리는 모습을 보면 누구나 바
로 느낀다. 말이 많은 것은 본심과 다르거나
부족한 것을 감추려는 의도가 있다. 분별을 일

으키는 것(사람)은 옳지 않다. 해박함이란 하나도 깊이 통달하지 못한 것일 수 있다. 순수하게 타인을 위하는 마음은 덕이 있는 마음가짐이다. 덕을 쌓으며 사람의 인격과 영혼은 성장하는 것이다. 그러면 인간으로서 자존감도 커진다. 하늘의 도나 성인의 도가 그런 방식으로 작용하리라.

성인지도聖人之道가 백서본에는 인지도人之道로 되어 있다고 한다.(*최진석) '자연의 도는 이롭게 해주면서 해를 끼치지 않고, 인간의 도는 일을 하면서도 그것(자연의 도처럼 이롭게 해주면서 해를 끼치지 않고, 다른 사람에게 모두 베풀고, 줘버리는 것)을 고려하지 않는다'는 것. 위의 인지도를 긍정적으로 해석하면 성인지도라 해도 타당하다. 이석명은 백서본에서 성聖자가 탈락 되었을 가능성을 말한다.

※ 덧붙이는 사적인 짧은 생각 : 왜 도를 깨닫고 행해야 한다는 것일까?

노자와 장자는 도에 따라 행위의 기준을 삼으라 한다. 일부 종교와 다수 선각자들의 가르침은 영혼의 성숙을 이루어야 하는 과정이 우리의 숙명이라 하고 있다. 그러나 현생의 삶에서 현실 이상의 가치를 생존의 고통 속에서 생각하게 되면서 여전히 의문은 남는다. 영혼의 진보라는 것은 무엇을 위한 것일까? 왜 우리가 그런 짐을 지게 되었는가? 그 끝은 무엇일까? 영혼과 윤회란 무엇인가? 신이 있다면 왜 그런 함정에 우리를 버려두는가? 이런 숙명이라는 말로도 의문이 사라지는 것은 아니다.

일단 내가 단순히 상상할 수도 없는, 어차피 피할 수 없는 불가피한 시스템에 빠진 그런 처지를 인정하고서, 도와 대통해야 하는 이유가 무언인가 생각해 보고자 한다. 이런 정신적 노력의 필요성은 육체를 가진 존재일 동안은 심신의 고통을 줄이는 의미는 확실하다. 정신은 생각보다 강력한 힘을 가진다. 육체가 소멸하면 해체되어 수분, 탄수화물과 무기원소 등으로 흩어진다. 영혼이란 말은 그러므로 우리 눈에 확인되는 물리적 실체는 아니다. 추정해 볼 수 있는 하나는 생애 동안에 만들어낸 정신적 에너지의 결집이다. 이를 사념체思念體의 응집이라고 할 수 있을 것이다. 아마도 이것이 남아서 생명력을 가지는 가? 윤회를 일으키는가?

석가모니 부처님의 말씀처럼 욕망과 번뇌는 간절히 벗어 나고 싶은 고통이다. 최상의 복락을 누리는 사람도 영구 히 그것을 누리려는 욕심과 죽음의 두려움만큼은 고통이 아닐 수 없다. 혼에도 욕망과 번뇌, 감정의 흔적이 살아 남는다면 그것을 벗어나려는 현세의 수행은 의미를 가진 다. 나라면 생을 떠나 다시 거기에 반복하여 빠지고 싶 지 않기를 강력히 희망한다. 일회성의 삶이라면 반복할 필요가 없어서 좋은 것이고 수없이 반복을 거쳐야 하는 삶이라면 최소한 회피의 노력은 하고 싶으니까. 창조주, 신의 존재 여부가 사실 중요한 것이 아니다. 문제는 나 라는 개체다. 타자의 힘(신적 존재)에 의해 영원한 안락 을 누린다는 것은 확인되지 않고 있다. 타자에 의해 또 는 이해도 안 되는 시스템에 갇혀서 끌려다니기는 정말 싫다. 이것이 장자, 석가모니 부처, 예수님을 따라 미천 한 내가 바라는 대자유다. 나는 『노자』10장의 척제현람 滌除玄覽이 그 방편이라고 믿고 있다. 살아서나 죽어서 나 번뇌가 끊어지고 영원한 도(해탈, 하늘나라)의 세상에 서 벗어나지 않는 것. 인간으로서 부조리한 생태 여건에 서 끝없는 지루한 반복을 거듭하는 것보다 차라리 나으 려니.

※ *참고한 책과 자료(특정한 순서 없음)*

- 이강수, 『노자와 장자 무위와 소요의 철학』, 길, 2006.
- _____, 『중국 고대철학의 이해』, 지식산업사, 2017.
- 기세춘, 『노자 강의』, 바이북스, 2013.
- 김용옥, 『노자가 옳았다』, 통나무, 2020.
- 최진석, 『노자의 목소리로 듣는 도덕경』, 소나무, 2015.
- 이석명, 『노자』, 민음사, 2020.
- 오강남, 『도덕경』, 현암사, 1995.
- 소준섭, 『도덕경』, 현대지성, 2019.
- 남만성, 『노자 도덕경』, 을유문화사, 2015.
- 이경숙, 『도덕경』, 명상, 2004.
- 강신주, 『강신주의 노자 혹은 장자』, 오월의 봄, 2014.
- 이관옥, 『노자소감』, 삼인, 2013.
- 전통문화연구회, 「동양고전종합DB」
- 김학목 옮김, 『노자 도덕경과 왕필의 주注』, 홍익출판사, 2011.
- 박원재, 「신이 된 한 철학자의 연대기」, 『오늘의

동양 사상』(3), 예문동양사상연구원, 2000.

- 오상무, 「『노자老子』의 자연(自然) 개념 논고(論考)」, 『철학연구』 82, 철학연구회, 2008.
- 김명석, 「『노자』의 '자연' 개념에 대한 소고-자발성 개념을 중심으로」, 『철학사상』(63), 서울대학교 철학사상연구소, 2017.
- 이권, 「『노자老子』의 유약승강강(柔弱勝剛强)에 대한 고찰」, 『도교문화연구』 41, 한국도교문화학회, 2014.
- ____, 「도의 근원성과 실체성」, 『이강수 읽기를 통해 본 노장철학의 현주소』, 예문서원, 2005.
- 전재성, 「『老子』의 초기텍스트의 성립과정에 대한 해석학적 고찰」, 『유교사상문화연구』 24, 한국유교학회, 2005.
- 최오목, 「老子 無爲思想의 基底-노자의 聖人과 생명을 중심으로」, 『도교문화연구』 34, 한국도교문화학회, 2011.
- 김충렬, 「노자 정치철학의 기조-'사민무지무욕'使民無知無欲과 위무위지치爲無爲之治」, 『철학과 현실』, 철학문화연구소, 1992.
- ____, 「노장산책」, 『철학과 현실』 봄호, 1991.
- 임헌규, 「노자의 정치철학」, 『철학논총』 제42집,

새한철학회, 2005.

- _____, 「노자의 위도론」, 『철학연구』 제94집, 대한철학회, 2005.

- 유성태, 「老子의 處世論 硏究－柔弱을 中心으로」, 『도교문화연구』 6, 한국도교문화학회, 1992.

- 이재권, 「노자철학에 있어서 이상적 인간과 그의 행위」, 『범한철학』 11, 범한철학회, 1995.

- _____, 「이강수 교수의 도관」, 『이강수 읽기를 통해 본 노장철학연구의 현주소』, 예문서원. 2005.)

- 이병욱·백진웅, 「老子 『道德經』에 收錄된 養生 關聯 文句 分析」, 『대한예방의학회지』 제14권 제2호, 2010.

- 송하환, 「노자철학 중 도의 개념」, 전북대학교교양학과정부 논문집 Vol.4, 1976.

- 김승동, 「도덕경에 나타난 노자의 도에 관한 연구」, 코키토 26, 1984.

- 이종성, 「장자철학의 지혜와 현대적 의의」, 『동서철학연구』 제64호, 2012.

◎ 글쓴이 : 유세웅

....

    공학과 철학을 전공. 기업에서 근무 후 현재는 안전·환경·화공 등 전문 컨설팅·교육을 수행하고 있음. 쓴 글로서 『월하선집』, 『행복한 대화』, 『멀리 있는 빛』, 『아웃사이더의 몽상』, 『갈 곳 없는 시간 100권의 책』, 『장자, 절대적 자유를 찾아가는 삶』 등이 있음.

노자, 도와 덕이 회복된 세상의 꿈

초판 발행   : 2025. 9. 15.
글쓴이   : 유세웅
교정·사진   : 이찬서
펴낸이   : 이순실
펴낸곳   : 도서출판 청림
            pdm14181@naver.com
            010-7544-2338
            사업자등록 No. 454-94-01845
            ISBN 979-11-984074-5-0
발행처   : 북메이크
책값 13,000원
* 저자와 협의하여 인지는 생략했습니다.

   ※ 이 책은 순천시 도서관 운영과 〈2025년 시민책 출판비 지원사업〉으로 제작하였습니다.